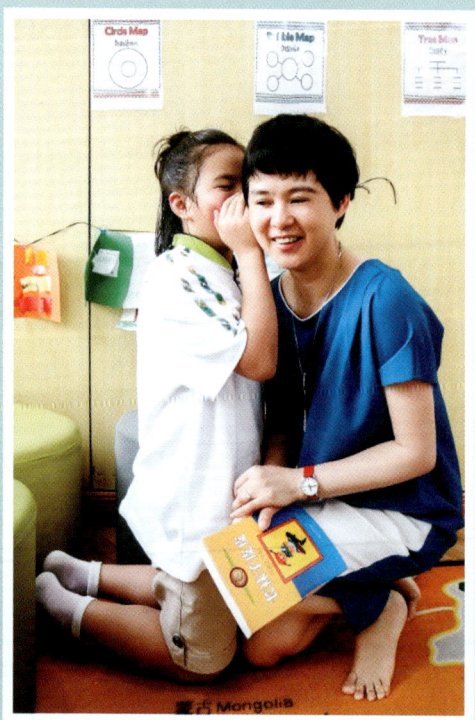

Hi, little boy!

嗨，小屁孩！
——红老师的教育故事

朱红 著

浙江工商大学出版社
ZHEJIANG GONGSHANG UNIVERSITY PRESS

·杭州·

图书在版编目(CIP)数据

嗨，小屁孩！：红老师的教育故事 / 朱红著. —
杭州：浙江工商大学出版社，2019.6
ISBN 978-7-5178-3264-5

Ⅰ．①嗨… Ⅱ．①朱… Ⅲ．①小学教育－文集 Ⅳ.
①G62-53

中国版本图书馆CIP数据核字(2019)第105100号

嗨，小屁孩！——红老师的教育故事
HAI XIAOPIHAI——HONGLAOSHI DE JIAOYU GUSHI

朱　红　著

责任编辑　杨　戈
封面设计　姚国栋
责任印制　包建辉
出版发行　浙江工商大学出版社
　　　　　（杭州市教工路198号　邮政编码310012）
　　　　　（E-mail：zjgsupress@163.com）
　　　　　（网址：http://www.zjgsupress.com）
　　　　　电话：0571-88904980，88831806（传真）
排　　版　杭州彩地电脑图文有限公司
印　　刷　浙江全能工艺美术印刷有限公司
开　　本　880mm×1230mm 1/32
印　　张　6.25
字　　数　112千
版 印 次　2019年6月第1版　2019年6月第1次印刷
书　　号　ISBN 978-7-5178-3264-5
定　　价　39.00元

奥地利哲学家维特根斯坦（Ludwig Wittgenstein）曾经说过，"一部严肃且伟大的哲学著作，完全可以用笑话写成。"的确，友好的哲学家从不故弄玄虚，把人坠入云里雾里，而是将自己精深的思想寓于故事或者寓言，甚至是笑话之中——事实上，所有的哲学问题都源于人类的生活本身。《论语》是一部孔子师徒的日常对话集；《庄子》是几篇根据寓言写成的散文诗，苏格拉底不落言筌，他的哲学也不过是在雅典大街上与人辩论的结果……由此引申到教育上，好的教研书籍，也应如是——不醉心于体系建构，不迷恋于概念思辨，而是说笑话，讲故事，在娓娓道来之间，让读者悟到教育的真谛、人心的温暖和思想的力量。

朱红老师的《嗨，小屁孩》也是这样的一本书。里面纯粹讲教育原理或概念的文字不多，但各种有意思的小故事，发生在教室里、校园里的有趣的"段子"，却俯拾皆是。这样的书读的时候轻松、好玩，但掩卷而思时，你又会觉得意味深长，对自己的教学和生活有所启发。

其实，这种对教学的探究和表达方式，貌似通俗但并不庸常——往高处说就是西方学术界很推崇的"教育叙事"。[1]这是一线教师能以研究的姿态，跳出经验框架束缚和具体场景，审视、反思教育实践的方式，是教师和学生，或者说研究者和参与者在特定的社会背景中的长期互动。作者既是实践者，又是研究者，他们得出的结论就有先天的优势——不但是一种感性的、有趣的第一手资料，梳理出的观点还特别能令人信服。

现代的教育叙事，一般有这样几个特点：首先它是出自事件的亲历者，是个性化的经验解释和书写，基于对自己的教学行为进行反思，结果创造了新的自我。第二，功用在于分享智慧，感性表达背后充满理性精神，为后进的教育工作者或者对教育感兴趣的社会人士提供普适性的专业信息和策略。第三，它不是八股文，言语表达是活泼的，充满学校生活气息，如果是文科老师的教育叙事，它还应该有"诗"的形式和辞藻的讲究。第四，体例上，看起来像是小品文，甚至是趣闻轶事类的札记；可以是图文混合文本，是现代人喜欢的"非连续性文本"，特别符合青年从教者的口味。朱红老师的这本著作，都符合以上特征，所以我们不仅可以拿它当故事

---

[1] 参见：F.Micheal.Connelly,D.Jean.Clandinin 著，刘良华，邝红军等译《教师成为课程研究者——经验叙事》。

看，从中获得教育智慧，它还可以是一线教师进行经验总结，梳理教学经验，将日常的教学经验和智慧物化为教育研究的一个范本。

美学家朱光潜先生在他的《谈美》一书中曾经提到，欧洲阿尔卑斯山谷中，在一条风景极佳的大路上，有一条标语云："慢慢走，欣赏啊！"对此，朱光潜先生感叹道："许多人在这车如流水马如龙的世界过活，恰如在阿尔卑斯山谷中乘汽车兜风，匆匆忙忙地急驰而过，无暇回首流连风景，于是这丰富华丽的世界便成为一个了无生趣的囚牢。这是一件多么可惋惜的事啊！"

如果我们把教育视作一片"阿尔卑斯山"的景观，那么我们也应该像本书作者朱红老师那样，一边慢慢地欣赏，一边记录、思考，让沿途的风景和人的智慧互动、物化、传播、永恒……

任为新

2019年3月5日

任为新：

教育部网教中心特聘教授、杭州师范大学语文教育研究所所长、浙江省教育厅"名师工程"语文学科导师。浙江省学前及义务教育段名师网络工作站专家组首席专家。研究背景：美学，文化学，语文教育。

目录
Contents

有一种教育叫"柔软"

我不是教育家，无法对教育的真谛做出深邃的解读。作为一位在讲台上站了二十余年的普通教师、家长，我越来越坚信：自己拥有一颗柔软的心灵、一种宽容的情怀、一脸明媚的笑容，我可以为孩子的健康人生抹上鲜亮的底色，为其增光添彩。

教师的工作，看似简单，实则难以简单，更让人无法忽视。这份工作的意义是在孩子某段人生中，抹上一种色彩；这抹色彩是冷色还是暖色，一定程度上决定了孩子人生的底色。

那么，如何为孩子的人生抹上一缕暖色？如果单纯指这一抹色彩力度的大小，那么抹出的色彩将会毫无生机，也无生趣可言。抹好这一笔，除了要有力量，还要有技巧，更需要有一种艺术的气质、通达的智慧和教育的情怀。

力量，也许孩子生来就有；技巧，可以通过培训获得；艺术，可以通过熏陶感染；智慧，则需要岁月的积淀和人生阅历的增加才能积累。而教育的情怀，它更多的应该是一种柔软的情怀，它不会因岁月的磨砺而褪色，不会因人生的困扰而退缩，不会因他人的不解而消弭。这样一份情怀，可以让教师这个职业散发人性的光辉，从而去发现和唤醒孩子身上的力量，甚至可以让孩子看到自身的力量，不断体悟到人生旅途中的温暖，从而勇往直前。

"柔软"是一种教育情怀的大境界，也是一种教育境界的大智慧。柔软是一种怀有教育情怀的爱，这种爱是洞见学生的缪斯心性、良知天性，这种爱是确信学生自己有力量呈现缪斯心性、良知天性，这种爱是以无我的爱去唤醒学生的纯净之爱，这种爱是觉悟的爱。我坚信：教育唯有秉承这份柔软之爱，才能真正影响学生的心灵。

为了让学生养成不随便剩饭菜的习惯，红老师当着全班同学的面对爱挑食的欢欢小朋友说："今天请全班小朋友和红老师一起来做个'拉钩'游戏。红老师今天当一回欢欢的妈妈，欢欢剩下的饭菜，老师帮他吃了。从明天开始欢欢和我们所有的小朋友都不再随便剩饭菜，好吗？"在全班小朋友惊讶的目光中，红老师平静地吃完了欢欢的剩饭。

原来，这份"柔软"中蕴含着如同母亲般的情怀。

　　合唱比赛的时候，晨晨因为腿疾，无法站在台上和其他同学一起完成合唱动作。红老师和孩子们商议："合唱比赛是我们全班小朋友的事情，晨晨同学也是我们班的一分子，她肯定也很想参加。你们谁能帮助她解决这个困难呢？"在红老师和孩子们的共同商讨下，合唱比赛的时候就出现了这样一幕：一支合唱队伍前，一位小女孩坐在轮椅上卖力地"指挥"——那指挥其实就是她的双手用力地上下移动。

　　原来，这份"柔软"中跳跃着智者的仁爱。

　　一位即将退休的音乐教师，她的办公桌里有满满一抽屉的光碟，那是她教的每一届学生的"新年音乐会"的演出集萃。

　　一位刚刚接班的教师对不做作业的孩子说，如果你认真完成作业，老师就奖励你一块巧克力。如今巧克力已经成为孩子心中最神圣的奖品。

　　运动会，广播里正在播出三级跳比赛的各项成绩，每每报到"××班"的时候，操场那一角就会爆发出震耳欲聋的欢呼声。那里有全班学生庆贺胜利忘我的大叫，还有站在学生身边的班主任陶醉的欢呼。

　　……

　　柔软是一束光透过另一束光，是一个人温暖另一个人，是黄鹂和黄鹂的啾啾共鸣，是山泉和山泉的叮咚合奏；柔软是恕道，己所不欲，勿施于人；柔软也是忠道，己欲立而立人，己欲达而达人。事实上，没有柔软就不可能有教育的发生。

"柔软"是一种大爱，"柔软"是一种"无限的同情"。宗白华先生说过：无限的同情对于自然，无限的同情对于人生，无限的同情对于星天云月、鸟语泉鸣，无限的同情对于死生离合、喜笑悲啼。这就是艺术感觉的发生，这也是艺术创造的目的。从中我们大概也可以感悟到"教育是一门艺术"的真谛。

让我们胸怀"柔软"之心，用一抹暖色，在孩子人生最美好的童年记忆中留下瞬间，让他们人生的底色多一丝温暖！

2019年5月6日

小屁孩

小霖，五年级了，发乌黑而卷曲，面白净而红润，戴一副黑框眼镜，像动画片中的卷发洋娃娃。这么一个"人见人爱"的卷发洋娃娃，就是让语、数老师爱不起来，用班主任红老师的话概括就是，除了做作业，其他什么都可爱。特别是作文，要写几百个字，简直是要了小霖的命了。每次写作业，小霖凭着自己的小聪明能少做就少做一点，能省几个字就省几个字。每次写作文的时候，小霖黑框眼镜后面的大黑眼睛就眯起来了，一只手使劲地去抓头发。小霖抓头发可与别人不太一样：他先是右手用力抓挠头发，然后用食指使劲地去卷头发——估计那卷发就是这么被抓卷的。只要小霖一抓头发，红老师就知道，这下他又不愿意写了。

孩子不爱写作文，那是语文老师伤脑筋的事情，如此可爱的小霖不会写作文，那真是红老师的心病啊。红老师只能绞尽脑汁想尽各种"魔法"，甚至希望手中有一根哈利·波特的魔法棒——谁不愿写作文，就朝谁那么一挥，谁就有了神奇的写作魔力。为了避免孩子们一到周末就头疼做作业、一写周记就胡乱应付的毛病，红老师把周记称为"漂流日记"。按照小组一人一天轮流写，首先来设计一下封面吧，小霖抢了他们组封面设计的任务——这样就可以少写一次了哦。第二天，大家交上了各自的作业。

看了这个封面，你就可以知道小霖是一位何等英俊神武的小男生了。不用说，这封面设计也着实惊到了红老师——小霖的绘画才能了不得啊，这画绝不是随便应付的，构图、用笔相当细腻，如此栩栩如生的画作，看样子小霖应该是很有文艺细胞。虽然，这画作并非红老师当初想要的作文封面，但是独具特色。红老师当然要毫不吝啬夸奖，表扬具有如此浓厚文艺细胞的小霖同学。

"在各个小组设计的漂流日记封面中，同学们猜红老师觉得哪一个封面最能代表小组的用意呢？"

"小毛组""小崔组"。

大家七嘴八舌。

"给红老师留下特别深刻印象的是这幅外星铠甲武士画。"大家有点吃惊，同学们深知小霖的老底——那幅画，肯定是小霖不愿写作文用来应付红老师的（这一周设计了封面就不用写日记了），

因为小霖平时上课的时候就专门在书上、本子上涂涂画画。

"这是红老师教书多年来，看到的最让人惊艳的封面——看到这个封面，红老师仿佛来到外星球，经历了一场星球大战。这是不是预示着小霖这一组的写作水平将超越地球级，堪比星际级作品？！"红老师滔滔不绝地夸了一通这幅铠甲作品。

　　小霖可能从未享受过语文老师对他的画作如此高的表扬（语文老师居然不讲作文而是表扬他的绘画！），他是受宠若惊。原本白净的圆脸霎时变得红扑扑的，那食指也停止卷头发了，两眼瞬间望着红老师，望着红老师手中的日记本——仿佛不相信自己昨晚想偷懒的画作居然发挥了如此神奇的魅力！小霖的眼里满是光彩。

　　不过，画作的确有神奇的力量。这以后，不管怎样，每次作文小霖多多少少都写起来了，当然红老师总是把小霖在语文方面芝麻绿豆大的文艺细胞当作"大西瓜"一般来宣扬。两个月下来，小霖好像慢慢的有点写作热情了。

　　一天，红老师批改漂流日记，突然读到一篇文章，让红老师笑得直不起腰了，真的是眼泪都笑出来了，办公室里的老师们个个笑得前仰后合。原来有人"放屁"了。

一个屁的尴尬

　　相信大家都有过尴尬的事。我呢，当然也不例外。

　　在一次自习课上，我忍不住放了一个屁。天啊！没有想到这个屁声音这么大！我急忙捂住屁股，观察另外小朋友的神色。果然，旁边的小朋友神色骤变，有的皱起眉头，有的闻来闻去，寻找气味的来源；有的在不停地吹气，企图把这股气味吹走……

终于，有人忍不住了："有人放屁！"爆炸性的新闻一出，全班并没有立刻捂住鼻子，而是纷纷抬起头，在空中寻找味源。"好臭！""谁放屁了？""臭得我要受不了了！"这些话接连从大家的嘴中冒出，我更加害怕了，要是他们发现是我放的屁，他们会怎样对我啊……我的脸瞬间变得铁青，急忙低下头装作没有我的事。"噗噗噗噗噗……"可我的屁股一点儿也不给力，又放出了一段"音乐"。

这回，所有人的注意力都聚集到第二桌了，有的同学还跑到我的位置上皱起眉头又仔细地闻了闻，并正式宣布："是卢宣霖放的！"全班同学都捧腹大笑起来。我满脸通红，像关公一样，好尴尬呀。还好下课铃响了起来，我一溜烟跑去上了个厕所……

不争气的屁股啊……

这下，小霖的屁"放得"更响了，朋友圈里点论热闹无比：

"屁大的事写得这么好！"

"好屁！有才！"

"原来小霖的文笔这么好！"音乐老师说。

"真是屁孩。"

"真的笑死我了。"班主任老师说。

"不争气的屁股啊……"

"描写细腻，写得很棒！"隔壁语文老师说。

"已读给全班听，反响热烈！"同桌语文老师说。

第二天，红老师把朋友圈的评议用幻灯片的形式放给全班同学看，同学们没有想到原来讨厌写作文的小霖居然成了写作"名人"了！不约而同把热烈的掌声和羡慕的目光送给了小霖。

这下，小霖原本白净的圆脸变得绯红了。

小霖这个屁孩，成了可爱的小屁孩，写作也成了小霖的"小屁孩"了。

懒女孩

小溪，圆脸大眼，浓眉黑发，"膀大腰圆"，是一个肉嘟嘟的"小胖妞"。小溪妈妈说，小胖妞可懒了，不愿动，不愿写，甚至连看书都不愿看——只喜欢听书。呜呼，当老师的都知道，最怕听到说学生"懒"了。小溪到底有多懒，红老师得好好观察观察。

记得那次我们去青少年实践基地军事体验。二年级的小溪一下子成为"红人"。你猜怎么着，集会的时候，别的小朋友都把水杯放在桌子上，懒女孩小溪却把水杯挂在军帽的后搭扣上！帽子还戴在头上！别的老师看到都呆了——神一样的水杯挂法，天晓得，她是怎么想出来的。事后，红老师问她为什么把水杯挂在帽子上。小溪圆溜溜的双眼看着红老师，很是平静地说："拿在手上太麻烦了，这样我就不用手去拿了啊。"说完，大眼睛奇怪地看着红老

师，好像在说，这不是很正常的嘛，这有什么好奇怪的？！

有一次作业是抄写八个生字，小溪没有写完，是全班女同学中唯一一个没有写完的。要命的是，写的字"轻描淡写"，笔力清淡，不仔细看都看不清楚，简直是"草蛇灰线"——连用笔都不愿意多花一点力气！

连续几周，不完成作业是小溪的常态，不是时间来不及就是时间不够用。不过红老师发现，小溪偶尔几次认真听课，回答问题的质量还是蛮高的，尤其是小溪的朗读——声音清澈透亮，如同天籁！这可能得益于小溪喜欢听书，所以朗读时特别有语感。上帝还是非常公平的，给了小溪一副特别清亮的嗓音。

一天晚上，小朋友都把预习的朗读作业发在班级群里了。小溪也发上来了，可惜读错了好几个字，疙疙瘩瘩。红老师一一听了孩子们的录音，悄悄地跟小溪联系："小溪，今天你的预习有进步哦。能不能再读几遍，有几个字注意拼读音节。明天红老师想请你给全班同学当小老师，读给大家听。"又叮嘱了小溪妈妈，让她督促一下。

第二天上语文课了。趁着孩子们自由朗读的间隙，红老师又走到小溪身旁，对小溪耳语了一番。课间，老师请小溪朗读，小溪特别自信地站起来。当她读完，小朋友们都不由自主地给小溪热烈的掌声。

　　"哇，小溪的朗读字字准确，句句流利，还特别好听，简直跟中央电视台的播音员一样标准好听。"红老师一边说，一边向小溪竖起了大拇指，"小朋友们觉得好听吗？"

　　"好听——"

　　"那我们夸夸小溪，再叫一声'小溪老师真棒！'"小溪一听全班同学都称她"老师"，简直是骄傲得不得了，小圆脸更圆了，小胸脯挺得更高了。

　　红老师的"麻油"可不是用来省的，一来二去的"麻油"中，小溪在语文课上渐渐勤快起来了。

　　有一段时间小溪小朋友诗性大发。一个周六的中午，红老师正在吃饭，手机忽然传来嘟嘟声。

　　"红老师，我想跟你视频。"

　　"好啊。"

　　"我想唱一首我写的诗给你听。"

　　"嗯，好。"红老师嘴巴里满是饭菜，嘟嘟囔囔地连连答应着。

　　接着，手机另一头传来叮叮咚咚的声音：

　　"小溪？怎么有琴声？"

　　"我是自己弹琴自己唱的。"那声音好清脆好响亮。

　　"这么厉害啊！你自己会写歌词作曲啦！太棒了！像个小小作曲家了呢！"

"红老师，你说我是小作曲家了吗？ 找爸爸就是自己弹自己唱的，他已经创作了三首歌了！"

"厉害！红老师太佩服你们父女俩了！" 于是，小溪的小嘴刹不住车了，清脆的声音兴奋地从手机那头不断传来。

想起上周小溪也创作了一首诗。我告诉她上语文课的时候念给大家听（可惜那天的语文课是第四节课）。于是每到课间，小不点就跑到办公室来："红老师，我等不及了！我好想现在就是语文课啊！"

"稳住，让小诗在你的小肚子里休息一下，等会儿上课让它蹦出来哦！"

可是，一下课，"小诗人"又绷不住了。

不知道哪位诗人说过：孩子是天生的诗人，你让世间的一切都变得柔软。

可惜当时红老师没有把小溪的小诗记录下来。不过小溪的语文学习真的突飞猛进了。

这个学期期中的时候，红老师写了一段话发给小溪："红老师没有想到小溪写字进步这么大，现在你认真书写的作业简直就是精美的小作品，你的朗读每一次都可以成为小朋友学习的榜样，你奇妙的想象力也让大家非常佩服。红老师希望你坚持再坚持哦。"

"助教"——小白

白家一儿，性刚讷言。与人戏耍常与人争执而嗔怒，或不嚷不叫怒目而瞪；或狂愤攥拳双眼涌泪。白子虽年幼，善于电脑操作。凡师操作电脑，必上前。师如有惑，如实告知，白子只需几分钟便解决，真乃高人。

这是红老师教了小白两个月有余，对小白留下的深刻印象。小白是从外地转来的新杭州人，言谈举止自然也不太一样。对于这样一位七八岁的小男生，红老师对他的教育真是煞费苦心，杭州老辈人有一句话叫"七岁八岁狗都嫌"，大概说的就是这个年龄段的孩子吧。对这样的孩子，怎么办呢？红老师静思细察小白的一言一行，等待时机。

一日上课，红老师操作教室里的电脑准备播放课件，可是不知

道什么原因，昨天还能正常播放的电脑，现在无论怎样操作也播放不了了。红老师正在屏幕上七按八摸……不知道什么时候小白已经冲上讲台了，一边在屏幕上"嘟嘟"地按了一通，一边像是自言自语地说："可能是防火墙阻挡了它的运行……"话说完，课件已经正常播放出来了，刚好上课的铃声也响亮地响起来了。

"上课之前，红老师先宣布一件事情。"说完，红老师双眼炯炯有神地望着"小屁孩"们，"我们古人有一字之师，今天在我们班里就有一个'一键之师'，你们猜是谁？"

小朋友都睁大黑亮的眼睛惊讶地看着红老师。"刚才红老师在操作电脑的时候，发现小白同学特别厉害，帮红老师解决了一个大难题，让我们可以正常使用PPT了。很厉害哦！红老师觉得小白就是红老师的一键之师。"

"现在红老师就叫一声'小白老师，谢谢你！'""小屁孩"们都把大眼睛转向了小白。刚刚还在玩橡皮的小白被同学们盯得不好意思起来，原本玩橡皮的小手不由自主地停下来了，有点不知所措地望望小朋友，又看着红老师。感觉红老师不像是开玩笑——而是笑盈盈地望着他，小白放松了，不好意思地站起来。

"小白老师，多谢！"红老师又学着古人的样子，朝小白双手一抱拳。这下小白脸涨红起来了。"小屁孩"们一下子也乐了，纷纷叫起来："小白老师，小白老师"……从此，"小白老师"名冠天下——连咱们班的家长都叫他"小白老帅"。

之后，红老师发现小白对自己亲近了不少，在语文课上"安分守己"了。

还有一次，课堂上小白要向大家介绍自己的探究作业《太空中宇航员是怎么生活的呢？》——事先他把作业制作成PPT了。小白在课堂上一边播放一边介绍，俨然是教授风范——其间红老师想过去帮助他适时播放下一页时，小白像一名名副其实的小老师一般"指导"："你按这里……对，这样按……"派头十足啊——更奇妙的是，这情景在咱们班的小朋友眼里丝毫没有违和感。

小白老师自信心爆棚。

年底到了，红老师从小白妈妈的微信里看到，小白去参加了一个浙江省"电脑操作"的比赛，且获得银奖。红老师示意小白妈妈，让小白第二天上学时把奖状和证书带来。周一升旗仪式进行国旗下讲话，红老师隆重推出了"电脑高手——小白"，全校同学看到了小白胸前那块亮闪闪的奖牌——那奖牌仿佛在跟所有的孩子招手，告诉孩子们它的主人是一位善于操作电脑的二年级"小屁孩"！红老师当着全校师生的面，热烈地拥抱了这位特别的小男生。从此以后，小白成了计算机叶老师的得力干将—— 小白的"第二春"焕发出与众不同的光彩。

现在，虽然小白还时不时地跟"小屁孩"们吵闹，惹得班主任

肝火旺盛，惹得年轻的音乐老师"恨不得把他藏在衣袋里"，可是小白终于露出了自信的笑容，语文课上时不时爆出精彩言论。

小白，你虽不是美玉，但绝不是顽石，是一块正被雕琢的璞玉。

后续故事——一盒紫菜。

一盒紫菜

早读结束，正欲离开，手里忽多一白盒，瞬见小白闪到眼前。

问："何物？"

"你自己看。"话音未落，小白已经转身。

左右顾之："紫菜？"然不见人影。

课休，小白又闪现："我炒的。"

"什么？你炒的？"红老师一脸惊讶。

接下来，小白就教"学生"怎么弄怎么炒……

自此，小白又多一名号：一菜之师。

"墨染"——学霸

    不知从什么时候起，小周被同学们冠以"学霸"称号。小周是一位非常文静的小姑娘，文静到连说话声音都是轻轻的、柔柔的。小周爱看书，捧着一本书可以坐一整天，有时候几乎感觉不到她的存在。小周字也写得特别漂亮，那钢笔字娟秀无比，每次批改她的作业，红老师由衷地感到赏心悦目。更要命的是，她画画还特棒，成为美术老师的"心头肉"，那绘画作品堪称小伙伴的示范之作。美术老师还指导小周设计丝巾、靠垫、包包上的图案，简直有"香奈儿"风范。

    小周还在网上发布设计作品，居然有好多买家。除此之外，小周体育特别好，是学校篮球队的队员。 这下，你明白小周为什么被小伙伴称为"学霸"了吧。按照小崔的说法——学霸的世界无人能懂；按照红老师的说法——那是别人家的孩子。

第一次被小周惊艳到，是那次设计漂流日记封面的时候。每个小组撰写漂流日记，小组成员合作，商量给自己小组的日记本设计一个封面，取一个合适的题目。各个小组的设计交上来后，在班里展示。

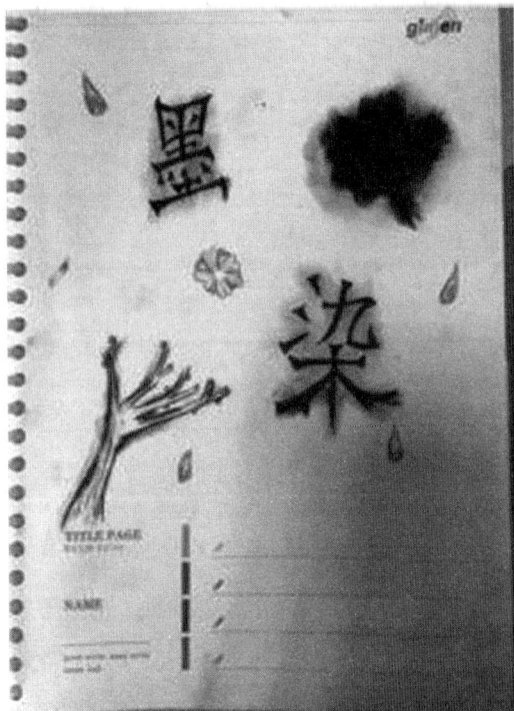

对小周这一组的设计，小崔等同学表示疑惑：这是啥意思啊？

小周慢悠悠地站起来，笑眯眯地轻轻说道："墨，代表我们写作文的水平高，肚子里有墨水；染，代表我们肚子里的墨水在小组里互相晕染开来，大家越来越有墨水。"说完，脸色微红地看着红老师。

全班鼓掌经久不息。后排的小崔连连点头，吐出了一句：

"学霸的世界，吾辈真不懂啊！"

于是获得冠军称号的小组，在学霸的带领下每每都有惊喜之作产生。学霸的日记更是常常被红老师作为范文全班播报。

后续故事是在学霸毕业后。

毕业后，学霸设计了一款"经典款丝巾"送给红老师作为毕业礼物——如此独一无二的礼物红老师当珍藏一辈子。

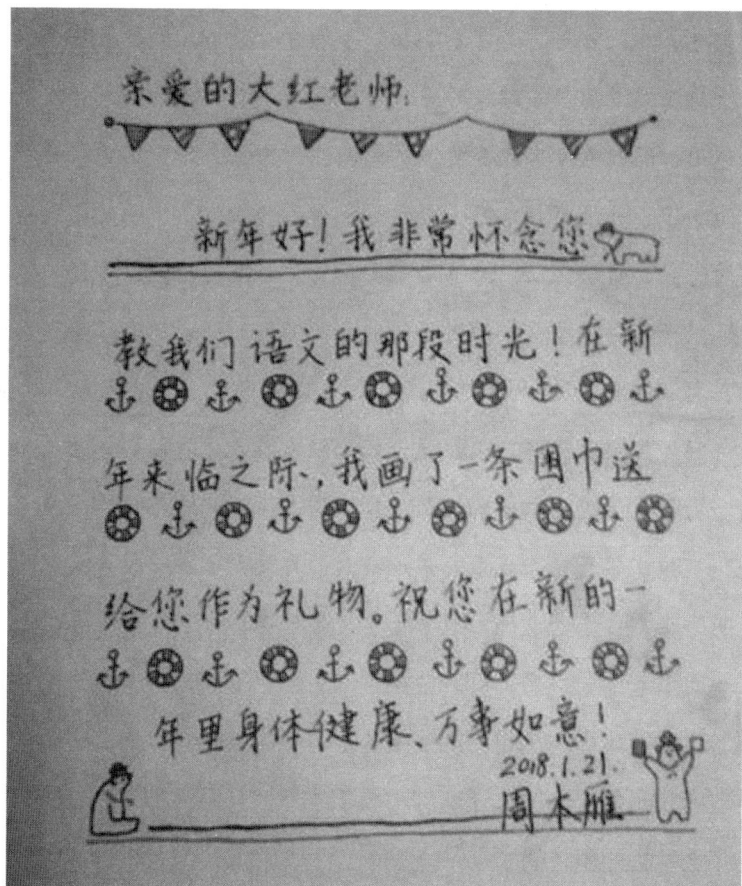

上了初中后，有一大学霸妈妈给红老师发来一条微信：

红老师好！有件烦心的事情，想打扰您一下，能否帮我分析一下，怎么帮助周木雁。简单说就是周木雁长雀斑，以前只用纯防晒霜，后来我买到一种高倍防晒BB霜，效果比较好，有遮盖作用，她用了，我也没觉得怎样。现在中学老师说不能化妆，不让用。特别是她长相比较好，老师担心初二早恋分心。前几天我做了工作，她坚持三天没用了。结果昨天我发现她又用了。我想如果是我，我也想用，而且也没有花费更多的时间在打扮上，她自己觉得她都用了两年了，并没有在学习上分心。我自己的担心是，一是还没到分心的时候，事实上出门她肯定是要用的。二是通过这件事情，做工作让孩子不要用了，接纳自己的缺点和不足；还是没有必要这么强求，打折扣执行老师的要求。她没用BB霜的那几天，有好几个同学都问她雀斑的问题，虽然孩子们比较友善，但我想还是比较尴尬的。有个孩子说周木雁你真白，我跟周木雁说，自己要有点自嘲精神，直接回答，对啊我白，不过最大的坏处是长斑。她今天只抹了透明防晒霜，啥也没说，似乎正常，我再观察一下。非常感谢。

放下电话，我想，每一位孩子都有自己的将来，他们也一定会在各自的领域中作出自己的成绩的。可是当若干年以后，老师的名字或者是学校的名字，还能够被孩子或者家长温柔地记起，那是一件多么幸福的事情啊。

毛氏之子

　　毛氏之子，名俊杰。一看这名，就知道宝贝儿被毛爸毛妈赋予了多少远大的期望。其实在咱们班里，小毛长得并不算帅，因为太瘦了，五年级的大男孩，有的长得粗粗壮壮，有的长得黑黑黝黝，有的长得白白胖胖。可是唯独小毛又瘦又不白，坐教室第一排。偏偏这位仁兄还很调皮任性，发起偏脾气来十头牛也拉不回，简直一猴精。猴精不爱上语文课，但是数学特别好，几乎不怎么听课也能每次考试数一数二，竞赛还经常获大奖。对于这样的"理工男"，红老师的魅力荡然无存。拜托，这么高智商的理工男不要考查红老师奥数题就行了。

　　那日上小古文《杨氏之子》，这是五年级孩子第一次正式接触古文。红老师煞费苦心调动十八般武艺激发"小屁孩"们的学

习热情："杨氏之子，姓杨人家的孩子……古人……比如说咱们班的……就是陈氏之子……"顿了顿，红老师问前排的一位同学，你可以是——

"张氏之子。""姚氏之子。"……

"朱氏之女。"前排突然冒出一个尖尖的声音，接着又大声地说道，"朱氏之女。""猪氏之女。"接着全班的同学都忍不住哄笑起来。红老师一转头，哦，原来是小毛同学突然发现了兴趣点，忍不住拿红老师开涮。

"小毛同学说的对吗？"红老师笑眯眯地问全班同学，"如果是小毛，我们可以怎么说——"

"毛氏之子——"全班同学异口同声地回道。不知怎么回事，后排的小崔突然接上一句"今有毛氏之子甚狡猾——"这一下全班同学更乐了。

从此，"毛氏之子"之名代替了他的本名。

那一回，上课铃声响起，红老师走进教室准备上课。全班同学逐渐安静，独有坐第一排的毛氏之子眉飞色舞地跟同桌讲道："今天愚人节哟！今天愚人节呀！"兴奋之声传来，红老师静静看着毛氏之子……但是小毛兴奋得毫无察觉，依然神采飞扬跟同学聊"重大新闻"。

"毛氏之子，你昨天的练习卷做得太乱了，马上到办公室去重做一张。"红老师平静地对毛氏之子说道。

全班瞬间安静。毛氏之子一脸紧张地看着红老师，手忙脚乱地拿起笔袋朝办公室走去。

十几秒钟后，毛氏之子满脸通红地回到教室，"红老师，桌子上没有试卷？"

"哦——"红老师狡黠地看着毛氏之子，"你不是说今天是愚人节嘛！"

全班哄堂大笑，拍桌子的，鼓掌的，笑声冲破了房顶。

小·如老师

　　小如，话不多，文文气气，做事极认真。是那种特别乖巧的不用老师多费心思的小女孩。这样的小女生，因为其文静乖巧，因为其自觉不犯错，也往往容易被老师忽略。这一类学生文静一方面是性格脾气使然，更重要的原因是缺乏足够的自信，又在意女孩子的"面子"。遇到这一类学生是老师的幸运，有时候也是孩子的"不幸"——这就是我们常说的不用被操心的中间生。对于红老师来说，希望每一个孩子都能展示自己成长的足迹。

　　那天语文课，全班小朋友写字。这一课中有一个"海"字，好多孩子写起来总是别别扭扭。当红老师走到小如身边的时候，发觉她的"海"字结构特别工整。于是立马把小如的写字作业向全班同学展示，小伙伴发出了轻轻的赞叹声。

"小朋友们，看小如的字，什么地方特别漂亮？"

"田字格里的大小刚刚好。"

"看起来不歪了。"

"左窄右宽特别好。"

小伙伴七嘴八舌地点评小如的书写。

"小如的字让我们欣赏到了那么多特别美的地方，写得跟书上印出来的一样美，真可以说是咱们班所有小朋友的'一字之师'了。小朋友们，是吗？"

"那从今天开始我们就叫小如为'小如老师'好吗？"一直到现在，已经过去两年了，"小如老师"全校闻名，连班里同学的爷爷奶奶们都叫她小如老师。

小如老师很自律，自从得了这个"小老师"的名号之后，真可谓"严于律己""以身示范"，学习上的事情更加自觉了。课堂上的发言积极大胆起来，作业上的书写更加漂亮了，简直是一幅幅书法作品哦。可是渐渐地，红老师发觉小如老师似乎太"爱惜自己的羽毛"了。小朋友要开始写作文了，小如老师好像有点"懵"——找不到门道了，可是又不想让红老师知道。不过，那天红老师拿来小小同学的作文点评的时候，红老师眼睛特意关注到了小如的眼神——有羡慕、有焦灼、有一丝不安，那小眼神让红老师心里一惊，又让红老师有点心疼：刚开始学写作，小如焦虑了！那天红老

师特别表扬了每一个小朋友在写作上的认真态度。之后，红老师特别注意小如的学习情绪。

"每一个小朋友只要跟自己比，有进步，就是棒棒的孩子！"

"每一个小朋友都有自己特别优秀的地方。古人就说过，'三人行，必有我师焉'，能欣赏别人的优点，自己也会变得更加优秀哦。"

"其实，写作文也没有什么大不了的。小时候，你们每天都会编好多故事给爸爸妈妈听，现在只要把自己编的故事写下来就可以了。"

……

一个学期过去了，小如眼神里的焦虑不见了。那天家长会上，红老师特意把小如刚刚写的一篇习作读给全班同学的爸爸妈妈听，把小如写作的故事分享给大家。

你写作文的毅力让红老师很是佩服。记得上个学期刚开始写作文的时候，你对"写作"还有点懵懵的，但是你很用心很努力，每一次老师讲评习作的时候你那专注的眼神让红老师很感动——这么好学的孩子！每一次修改习作的时候你都不厌其烦，现在你都可以写将近千字的小故事啦。这一次你写的童话小故事着实把红老师惊艳到了！

每一位老师都有深切体会：那些特别优秀的孩子总是让老师爱

不释手，那些特别调皮的孩子总是让老师"爱在心头口难开"，这两类孩子都是老师的手心手背。可是往往还有一类一开始看起来"中不溜秋"的孩子，是最容易被老师遗忘的角落。一名老师唯有小心翼翼地捧起每一个孩子的心灵，才能不错过每一位天使。

附小如写的童话故事：

长翅膀的小猫

有一只小猫，她是一只不寻常的小猫。她一生下来就不知道自己的爸爸妈妈是谁，也没有人给她取有趣的好听的名字，更没有人来照顾她。

冬天，小河边被雪花覆盖着，就像一片一望无际的冰雪世界，这就是小猫的出生地。天气冷极了，天空中下起了一片片雪花，她出生的第二天，她还那么小，她冻得浑身发抖，饿得一点儿力气也没有，瘫睡在白茫茫的雪地里。

也许，这就是她的命运吧。

如果再没有人来帮助她，这个美好而又幼小的生命就会离开世界。

终于，小猫被一个正在滑雪的小男孩发现了。小男孩轻轻地捧起她冰冷瘦小的身体，小猫浑身雪白，雪白的雪花飘落在她身上，显得她更加白了。

小男孩喜欢小动物，便把她带回了家，把她放在一张暖和的小床上，还给她喂牛奶喝。

"妈妈，它苏醒过来了，它睁开眼睛啦！"小男孩兴奋地大喊。

小猫从出生到现在，第一眼看到的就是这位小男孩。小猫的眼睛睁得好大，闪着疑惑的光，因为她还不知道他是谁，自己现在究竟在哪。

"你一定是一只天使小猫！因为你有翅膀哦！"小男孩高兴地对小猫说。

"什么天使小猫呀？"小猫反问道。

"不过，不知道你会不会飞。"小男孩遗憾地说。

"为什么我不会飞呢？"小猫自言自语地说道。

这只喝牛奶长大的小猫比其他小猫更加活泼可爱。她已经两岁多了，但是个头比其他同龄的小猫都要小很多，别人还嘲笑她有翅膀，不像猫咪。

小猫还知道自己有一个很好听的名字"飞飞公主"，大家都叫她"飞飞"。

飞飞看见鸟儿们在天空中自由地飞翔，于是有了一个美好的梦想，在天空中飞翔。飞飞把这个想法告诉了奶牛。

"根本不可能的事情。你听说哪只小猫会飞？虽然你有翅膀，但是你毕竟是猫啊！再说了，那是很危险的！……"奶牛"哞哞"地说个不停。

飞飞知道，别的动物或者人们一定也是这么认为。这让她有点沮丧。不过，她在心里下了决心，让所有动物和人都知道，猫也可以飞！

但是她也明白，想要实现梦想很难，不过飞飞是不会放弃的。

就这样，她首先练习扑动翅膀，然后呢，再练习跳跃和奔跑……

很多时候她累得都站不起来了，可是她还坚持着，坚持着一个在别人看来都很愚蠢的梦想。

她五岁的时候，个头还是像两岁多时那样，也许她就是这样吧，不过对于她的飞翔来说，是一个大优势。

飞飞已经练得很棒了，她想试一试。但是她更明白，如果发生失误就会造成很大的伤害。

飞飞来到三楼的屋顶。她迈起轻盈的步子跑起来，然后踮起脚尖，扇动翅膀……

哇，飞飞真的飞了起来！

这一幕被那个小男孩看到了，他赶紧叫来大人。人们纷纷从家里走出来，都惊讶地张大了嘴巴，连奶牛也跑出来凑热闹，奶牛比任何人都要惊讶……

飞飞用自己的行动证明了一切，只要通过自己的努力，就算是猫，也一样可以飞翔！

"套路"

　　小崔，高高大大，在班里身材最为魁梧结实，虽然站起来比红老师还高出一个头，讲话的声音也有些阳刚了，可是内心却是一个童心十足的顽皮大男孩。小崔性急，总是想急巴巴地完成作业，然后可以出去玩，写字也就难免龙飞凤舞了，被红老师整治了几次，终于明白"静若处子，动若脱兔"的道理，急巴巴的性格收敛了不少。小崔私底下曾多次跟同伴说，红老师是一个"老巫婆"，什么事情都逃不过她的眼睛，真是麻烦。

　　班里实行漂流日记写作，游戏规则是小组合作，一人一天，哪天写自由商定。

　　有一次，红老师考虑到当天其他学科的作业布置较多了，孩子们还要准备这一周的班级活动，于是就宣布：今天晚上的漂流日记就改为写小片段，字数不限。全班一片欢呼。自习的时候，红老师在面批作业，小崔所在的小组小纪、小腾大声告状：红老师，小崔一定要跟我们换时间（写漂流日记的时间可以自由调换，但是必须双方同意）。

"为什么要换？"红老师抬起迷离的双眼（作业已经批得我双眼都要睁不开了），"小崔今天有什么事情吗？"

"我……今天……""他……"底下传来一阵七嘴八舌的声音。这下红老师的眼睛睁大了，耳朵竖起来。

"到底怎么回事？"

"他说他今天晚上有事情。"小纪已经迫不及待地想说了，但是几次三番都被小崔阻拦。"其实，小崔没有什么事情。他是听你说今天只要写片段，字数不论多少，他就想换成今天的。"小纪终于在红老师的大眼注视下，没有被小崔打断，说完了。红老师终于搞明白了事情的来龙去脉。原来是这样啊……呵呵……小崔啊小崔……

红老师站起来，笑眯眯地走到后排小崔这一组，眼睛都快要眯成一条缝了，笑着问小崔："小崔，你说说看，你为什么要换成今天的时间？"全班同学都像等待精彩大剧一样看着小崔。小崔脸涨得红红的，站起来——那么高，红老师站在他身边有小鸟依人的感觉。

"没……没什么。我就是觉得后天我可能……有……事情……"小崔嗫嚅着，吞吞吐吐。

红老师看着人高马大的小崔，继续笑眯眯地问："今天原本是谁？小纪吗？他同意吗？"

"他不答应……小纪说他后天也有事情。"

"哦，那红老师帮你们协调一下吧。小纪你就跟他换一下吧。"红老师朝小纪眨眨眼睛。小纪被红老师的眼睛眨得丈二和尚摸不着头脑，只能勉勉强强地答应。

红老师又转向小崔，"那么说定了，你和小纪换一下时间，是吗？"

也许小崔被来得太顺利的胜利搞得有点不知所措——他不知道原本那么复杂的事情，怎么突然一下子轻而易举地就得手了，小崔红扑扑的大脸蛋更红了。

"小纪，小崔只是想和你换一下时间。你就同意他。"红老师坚定果断地对小纪说，继而红老师转向全班同学说：

"这样吧，小崔想跟小纪换时间，红老师也同意了。不过小崔今天的漂流日记内容另定：今天小崔撰写800字以上的'调换日记'，就写今天和同学的调换时间一事。后天小纪写的仍旧是今天的内容：片段，字数不限……"还没有等红老师说完，全班哄堂大笑，一个一个笑得前仰后合，小纪更是要钻到桌子底下去了……

小崔呢……

　　小崔瞪大了眼睛，傻傻地看着红老师，结结巴巴地说着："不……是……不……"，可是小崔的声音已经被同学们的哄笑声淹没了……

　　（现在红老师讲这个故事的时候，想到当时小崔的那个"傻样"——愣愣的、直直地看着红老师，还是让人忍不住笑出声来）

　　第二天，小崔的漂流日记：

　　《套路的悲剧》洋洋洒洒地写好了——看来有生活体验，就文采飞扬！

　　附小崔当日的日记：

套路的悲剧

　　生活中，有些事儿不知道是让人笑好呢还是哭好呢。今天，我与大家分享一件对我来说特别不开心的事，让大家开心开心。

　　昨天，红老师在黑板上布置作业，而我却在与同学闲聊着游戏。突然，我"耳边一亮"听到："今天写漂流日记的同学不用写片段。"红老师宣布道。我的小心思马上转动起来：如果今天写了漂流日记，那么片段就不用写了，但是写漂流日记花的时间会更长。嗯……不对，做了的话，我既完成了今天的作业又完成了周四的作业，岂不是一举两得！嗯，这道算术题我做对了！过会儿就去给他们下个套。

"来，纪宇清，给我一张纸，今天我来写漂流日记。"我有点得意地问纪宇清讨要作业纸。

"不行的，今天我来。"……

我们的争吵引来了红老师。纪宇清立马告状，红老师立马狐疑地瞪了我一眼。顿时，我感觉到了来自老师的威严。我打了个冷战，吓得腿都开始不听使唤了。忽然，红老师像是想到了什么似的，开口说："来，把纸给他。崔子腾，你必须写到八百字，一个字都不能差，行不行？"说完，红老师眨着她那双大眼睛似笑非笑地看着我。

听了这话，我像是被雷劈了，又疑是被点穴了，一动不动地站在那儿。

"我……"

心想着说："不！我的套路明明就快成功了，怎么'半路杀出个程咬金'，然后，我居然还被套路了，真是'城市套路深，我想回农村'。"

"来，给你，你拿着，记住八百字哦。"红老师又一次笑眯眯地看着我。虽是"笑"，但是不容我任何反驳。

"哈哈……哈哈，崔子腾，你简直是偷鸡不成蚀把米。"这时

红老师乐呵呵地看着我。

　　我石化在座位上，汤锦昊说："崔子腾，你放心，不就八百字嘛！很少的，两三个小时就写完了。不是有句古话叫'人生自古谁无死，早死晚死都得死'嘛。"哈哈……哈"不要说我坑你，这是你自己'作'，"NO zuo NO die"（就是不作不死）。"其他同学也在旁边起哄道。

　　"你们不要说了！我已经很可怜了，你们就不能安慰我一下吗？"

　　"唉，我走过的最长最远的路就是红老师的套路。人生自古谁无死！要死也是我先死啊！"

　　我拿着纪宇清飘过来的作业纸欲哭无泪。

"萌娃"森森——眼睛疼吗?

"貌若潘安,性若蒲苇,常有飞鸟依人之感,明眸皓齿楚楚动人,甚是惹人怜爱。与其相视,柔情沉定,与其交谈,恍如童语。"

这就是"萌娃"森森。

森森是红老师所教过的孩子中最萌的娃。二年级的小宝宝,无论是听课还是课余,他总能用一双清亮的大眼眸望着你——清澈见底的大黑眼。可是,萌娃在上课的时候让你生出爱不起的无力感。课上,森森或躺或起或离开,似乎不是这个世界的! 望其黑亮明眸,只叹爱你不起,只恨水镜先辈不附身。

"我可以画画吗?"你可不要以为这是在美术课上。当红老师布置语文作业的时候,假如森森今天对这个作业特别感兴趣的时候

他会眨着乌黑的大眼睛，似乎用亮闪闪的眼神问。不过有的时候，森森明亮的眼神变成萌萌的，笑眯眯地看着红老师，我知道今天的作业森森十有八九不愿意做了。于是，红老师得拉过森森的手告诉他，好的。不过希望看到精彩的"诗画"作品哦。（这是我们班的暗语：语文作业配上绘画，称为"诗画作品"。）

"我的老家在广州。"一次，班主任老师到羊城出差。出发前，老师告知全班小朋友，乖乖地听话，不可淘气不可闯祸，并且特意指出张三、李四等同学（其中也有森森）上课要守纪律，回来后老师会带好吃的东西奖励小朋友。一听说老师是去广州出差，森森立马柔声细语地说："我老家在那里的，那里的小吃很好吃哦。"话还没有说完，那眼神已经亮亮的，好像羊城小吃已经在眼前了。

据说，那次班主任出差的时候，森森回家还让妈妈特意微信告知班主任老师哪里有好吃的，哪里有好玩的——整个一遥控小导游哦。

一日，学校大屏幕播放孩子们上皮划艇拓展课的视频，那静谧的水波、流动的水线、明亮的色彩、清亮的配乐，引得全校老师一阵阵惊叹，连皮划艇教练和很多家长朋友都惊呼——美！那天刚下课，准备收拾东西。森森轻步来到身边，在红老师耳朵边脆声细语说道："那个皮划艇视频是我爸爸拍的。"顿了一顿，又说道，

"他自己学的。"

红老师立马放下手头的东西，吃惊地说："真的吗？太厉害哦！拍得那么好，还自学成才啊！"（其实红老师早已知道这个皮划艇视频是森森爸爸去看儿子上课拍的）但是，当森森专门来告诉的时候，红老师还是立马表示出赞叹。

"森森也会像爸爸那样，学很多东西，也会那么厉害的，是吗？"老师的本性就是不失时机地教育——哎，本性难移了。

"嗯——"森森似懂非懂地点了点头。

从此，萌萌的森森不讨厌学习了，上课也不钻桌底了，作业也按时地完成了。在二年级的期末，居然还得了全A的成绩，连他妈妈都觉得出乎意料了。

可是到了三年级，小森森的活动能量大起来了，不再局限于教室里的活动了。有一段时间，班主任老师发现小森森老是喜欢用手指去戳别人，有时候戳脸有时候还戳同学的眼睛，每次森森被批评教育了，表现暂时好点儿，可是过不久又戳人了。班主任急得不得了——万一把同学的眼睛戳坏，那可闯大祸了！可是跟森森说得口干舌燥，过一两天又是老毛病发作。

有一次，红老师正在教室里批改作业。小朋友来"告状"了：体育课上森森又戳同学眼睛了！这一次是把小鸿的眼睛戳了。小鸿哭红了眼睛，和小森森一块儿被同学带到了红老师的面前。

　　我问清了情况。森森不按体育老师的要求跑步，去惹旁边的小鸿同学，一会儿拉她的头发，一会儿伸手打她。这不，又伸手去戳小鸿的眼睛，结果刚好戳在小鸿的眼皮上。眼皮有点红了，估计当时真的有点疼的。

　　我听完后，立马板着脸，严肃地盯着森森的大眼睛，脑子里思虑——该怎么跟森森讲这件事的严重性。该讲的道理，估计班主任不知道已经讲了多少遍了！

　　盯了森森一会儿，我把一边抽泣的小鸿安慰好，轻轻替她擦去眼泪。我拿起了桌子上的一把学生用的尺子，严厉地对小森森说：

　　"把手伸出来！"森森不知道我要干什么，把手伸出来。

　　"啪，啪！"我在森森的手心里打了两下，"疼不疼？"（刚刚前两天我们上过一篇课文，讲了孙中山先生被老师用戒尺打手心的故事）

　　"疼——"

　　"那你用手指去戳小鸿的眼睛，小鸿疼不疼？"红老师严厉地问森森，这一下大眼睛懵了。

　　"你的手上有皮、有肉，红老师轻轻地打了一下，你就感觉到疼了。那你用手指去戳别人眼睛的时候，眼睛里没有皮也没有肉保护，你觉得眼睛疼不疼？"

　　这下，森森完全懵了——他似乎没有想到疼的问题，他觉得这

就是好玩,看到别人哭,也觉得很好玩。

"现在,你陪着小鸿去杨医生那里好好检查。如果小鸿的眼睛还有问题,那回来后红老师就用这把戒尺好好打打你的手,看你的手疼不疼。"

森森眼眶红红的,他终于认识到他犯了一个非常严重的错误。他轻轻拉起小鸿的手走向杨医生的医务室。

过了一会儿,森森和小鸿回来报告:杨医生说没有问题了,不过下次绝不可以这样。

从那以后,森森再也没有戳同学的眼睛了。

遇到像森森这样的萌娃,真的非常考验老师、家长的智慧。孩子都是心底纯良的,但是有时候他们根本不知道自己做事情的轻重。这时候,老师和家长似乎要遵循卢梭的"自然后果法"

引导孩子在体验式的成长过程中,朝正向的方向发展。

堵

在红老师的照片集里一直收藏着一份作业——一张漂流日记纸。看到这歪歪扭扭的字迹，红老师的眼前浮现出了那个高高大大、胖胖乎乎的大男生。大男生小城，足有1米75，体重不小于140斤，力气也大得很，把红老师像小鸡一样拎起来应该是轻而易举的事情。他虽然才读六年级，个子却完全像大小伙子，不过心智看似二三年级——一枚高大的萌娃。

如此高大威武的小城却是爸爸妈妈一块心病。小城平时老是不肯做作业。一方面是小城喜欢偷懒，更重要的是六年级的学业对小城来说太难了——无论是语文还是数学，有的时候小城真的只能听天书一般。即便是想给小城补课，老师一时也不知道该从哪里补起。唯有体育老师还是很看重小城的。小城的力气大，铅球扔得很

远，每年运动会上铅球比赛他不是第一名就是第二名。

对于小城来说，日复一日的上课就是混时间了。那么上课怎么办呢？听不懂，对小城也是一件非常痛苦的事情，以前他还会任性地去捣乱一下——用钢笔去画前面同学的衣服后背，画几条乱七八糟的线也行，或者拿一支笔在桌子上涂画，或者让笔故意发出叽叽咯咯的声音。到了六年级了，小城自己也知道不好意思了，不能这么老是去捉弄同学，于是他就开始睡觉。

红老师了解了小城的"前世今生"后，不仅唏嘘。每个学生在老师眼里都像是自己的孩子一样，将心比心，小城的爸爸妈妈那份心堵、心焦可想而知。红老师也是身为人母，母亲总要为孩子做点什么的，红老师下定决心想为小城做点什么。

上课的时候，红老师经常会站在小城身边讲课，一边讲一边在小城书上比画，以便小城明白现在讲的内容。回答问题的时候，挑一个最简单的，读读词语和句子之类，让小城先读。只要小城能说一点能读一点。红老师就郑重其事地大加赞赏——红老师就是要让全班同学知道，每个学生都有自己的小太阳，他们的小太阳迟早都会发光的。至于作业，红老师只能让小城做些简单的抄抄写写，小城每天能做一点是一点。有的时候实在不行，红老师就把小城单独叫到身边连哄带蒙，让他做一点——再不济，就让小城抄抄其他同学的作业，权当练练字。

　　这一天，又轮到小城开始写漂流日记了（以往轮到小城写日记的时候，他都是抄写一段课内或课外的片段）。放学的时候，高高大大的小城背着一个书包像一堵门一般站在红老师的面前，那书包跟小城魁梧的身材比显得实在太小了，就像一只小鸟伏在小城的后背上。红老师不由得抬头看着小城："怎么啦？是不是不想写日记？"我猜小城就是为今晚的语文作业而来的。

　　"你可以抄写书中的段落啊。红老师说过的……但是不可以不做。"我有点奇怪地看着小城。

"我……我想写诗，红老师可不可以？"粗混的嗓音从半空中传来，红老师怀疑自己的耳朵听错了。为了防止熊孩子偷懒，红老师说过凡是想写诗当作日记的，需事先跟红老师商量。

"写诗？"红老师有点疑惑地看着小城。

"是的，我……想了好几天了……我一定要自己写一篇给红老师看看。"小城低着头看着他面前矮矮的红老师。

"哦！那看样子你已经想好写什么了。"我笑着对小城说，"好！红老师期待明天开到你的大作。"

第二天，翻开小城的日记本，果然一份写得扭扭拐拐的作业出现在红老师面前。

堵

长长白车龙

看不见尽头

远处灯绿了又红

轮到的总不是我

原来时速百码的机器

只能一米一米地挪动

沉闷的感觉

就像玩百来副牌的空中接龙

一张纸

一张洁白的纸
幼年，满手泥
印满了纸

一张泥泞的纸
童年，手握蜡笔
涂抹了纸

一张破损的纸
成年，手持胶水
粘补了纸

一张洁白的泥泞的画花的
缺损的打了补丁的纸
本应丢掉
却被老师细细装裱

　　回想起来，与小城一年的相处过程中，没有发生过惊天动地的故事，但是他让红老师明白：每个孩子都有可能会遇到自己成长过程中的那个"堵"，你很可能就是那个疏通"堵"的人。一旦"堵"变"通"了，那么孩子的小宇宙就一定会迸发出能量来。

"老师不会扣分的"

前几日，去一所学校听课。

上洗手间，听到了两位小朋友在洗手池边小声地嘀咕着。我走进洗手池，一个嫩生生的、怯怯的声音传来：

"老师，刚才我是不小心的。"

我诧异，仔细地看着这两个小女孩。两个小女孩都长得娇小可爱，看样子是一年级的小朋友。我好奇地问："你怎么啦？"

"她把这个瓶子打翻了。"另一个小女孩睁着一双亮晶晶的大眼睛看着我。我这才看见，原来放在洗手池墙壁上搁着的一瓶洗手液，被跌落在池盆上，里面的洗手液一大半流在池盆上。看样子两位小天使是把我当作她们学校的老师了。

"老师，我一接，它就掉下来了。"小女孩一脸无辜地看着

我，忽闪忽闪的眼睛里噙着泪水。

"老师，你不要扣分。她不是故意的。"另一个小女孩接着说。

"哦——"我心里有一股暖暖的东西在流动，"原来是这样的啊。没有关系的，老师不会扣分的。"看到两个小女孩稚嫩可爱的模样，我不禁笑了，忙宽慰着。我想我得假装是她们学校的老师，要不然两位小天使可能要难过得课也上不好了。我蹲下来，轻轻地对她们说：

"小瓶子知道你们是好孩子，不是故意的，它也不会责怪你们的。"

我一边洗手，一边把小半瓶洗手液放回搁架上，扭过头对两个小天使说："把小手洗干净，去上课吧。"

听到我这么说，两个小天使如释重负，欢呼雀跃地跑出了洗手间。

这一天听课中，这两个小天使忽闪着的眼睛、雀跃的背影不时地浮现在我眼前。其实，每个孩子内心都住着善良的天使，为人师者，就是如何尽可能地诱发这位天使不断茁壮成长，让这位天使长驻在孩子们的内心。呵——稚朴、可爱两个词留在我的笔记本上，我轻轻地写下了它们。

不经意中逝去的"爱"

与学生谈话无数次，与很多学生曾经面对面地促膝长谈，我深深感觉，孩子的心是一颗玻璃心，也是一颗易冲动的心。这样的心，当你轻轻捧起它的时候，你会发觉它晶莹透亮，有时却深邃不可捉摸。

无法忘却的是和那个女孩的长谈——那个女孩因为不参加班级的器乐合奏比赛，班主任将此事汇报到学校。于是就有了那次谈话。

许某，六年级A班的学生，皮肤白皙，个子中等。乍看一眼，你感觉这是一个很文静，甚至有点腼腆的小女孩。当她第一次站在我面前的时候，我没有感觉这个女孩有什么特别的地方。可是当这个女孩坐在我面前，开口说话的时候，一种特别的东西触动着我的神经——这个女孩绝对是个非常有个性的学生。

"你就是某某同学？"我微笑地看着这位戴着眼镜一脸沉静的小女孩。

"嗯"她扶了一下眼镜，大胆地直视着我。（这种眼神包含一种若无其事，或者是无所顾忌。）

"'雨舟'有什么特别的意思吗？"我知道我面前的小女孩不是一般角色。（在音乐课上，自由地走来走去，或者是随意到教室外拿乐器；甚至是老师在上面讲课，她在下面悄悄地跟同学讲话——诅咒老师。）

"下雨的'雨'，一条小舟的'舟'。意思是漫漫细雨中驶过来一条小船。"她没有沉思，有条不紊地跟我分析这个名字的含义，说话不紧不慢，但讲话很干脆。

"这是一个蛮有诗意，很浪漫的名字嘛。"我开玩笑地说。

她略微有点难为情地笑了。这是她进办公室后第一次在我面前露出笑容。显然这个玩笑，使她的情绪松弛了下来。

"本来的名字叫许楼雨舟，后来到派出所改名字了，把"楼"字去掉了，叫许雨舟。"

"看样子爸爸的权威比较大，认为应该全部姓爸爸的？"我开玩笑地说。

"大概是吧。"她也开玩笑地说。

"听说你是从其他学校转过来的？"

"是三年级上学期。"

"那么你在这里已经有四年时间了。还记得以前的老师嘛？"

"语文老师是袁老师，数学老师不太记得了。"

"听说你们班要参加杭州市的口风琴比赛？你不想参加？为什么？"我突然话锋一转问道。

"……"她看着我，注视我几秒钟。大概她没有想到我会突然问她这个问题。她一时不知该如何回答我，怔住了。

我不愠不怒，眼睛直视着她——一眨也不眨看着她，不说一句话。

过了几秒钟。她说："我必须回答吗？"

"是的。你必须回答。"我想也没有想，干脆地说。我的声音很轻，但听得出一种不容置疑。

她把头低下去。脸上一阵青一阵红。过了一会儿，她抬起头来了："我不想参加，我参加了对比赛没有好处。"

"是你演奏水平差吗？"

"不是。"

"那么是你会在比赛中故意捣乱喽？"我一步不松紧紧追问。

"不——不是。"她有点招架不住了。

"在比赛中，对比赛没有好处，我想只有演奏水平太差的原因。除此之外是什么呢？要么是故意捣乱。"我不依不饶地说道。

"我——"她语塞了。

"他们参加比赛结果要么是好的，要么是不好的，如果结果不好，他们会把所有的事情都怪到我头上来的。"

"那么说，你是不想承担责任喽。"

"他们参加比赛跟我是没有关系的，他们——"她文不对题地说。

"'他们'是谁"？我的语气显然有点加重了。"你是A班的

一员吗？你难道不是这个集体中的一份子吗？难道他们做的事情跟你没有关系吗？你怎么对你生活了四年的班集体这么漠不关心，你对身边的同学这么冷漠？！"

她的泪水吧嗒吧嗒滴下来，很快成线流下来。我把纸巾递给她。

"今天，令红老师吃惊的，不是你参不参加比赛，而是你居然对你的集体如此冷漠！我们浙大附小培养的六年级学生是这样的学生吗？"我显然被这个女孩轻率自私的态度激怒了。但我还是压制了怒火，只是加重了语气连连追问这位看起来斯斯文文的女孩。

她不住地用纸巾擦眼睛。"我希望你在学校学习的不光是知识，更是学会生活。学会跟别人相处。"我从上一次全六年级的讲话，到看问题的不同角度，到为人处事等方面一一给眼前这位不知深浅的女孩一些忠告。

"红老师最后给你几句忠告，一，做一个快乐的孩子，给自己快乐，同时也给别人快乐；二，学会宽容，学会设身处地为别人考虑。任何人都可能有错，但宽容了别人，等于带给自己一份快乐。"

"朱校长，我会给你一个答复。我今天一定会给你一个满意的答复。"她擦干眼泪，露出一丝快慰的微笑，对我说道。"朱校长，谢谢您。再见！"

第二天清早上学的时候，这个小女孩在校门口碰到我，对我说想跟我聊聊。当时我急着出去参加一个会议。我对她说，等中午回来的时候再说。中午她到我的办公室，我会议没有结束。

过了两天，我听说这个小女孩找过我好几次。我觉得不太好意思。我来到六年级办公室，把这个小女孩叫出来，"你找过我？有什么话想对我说吗？"

小女孩看了看我，眼角很快地扫视了办公室，说："没有什么事情。"

我静静地看着这个女孩——我明白，我选错地方了！这是个非常敏感的女孩，又处在非常敏感年龄的女孩。我心里很后悔，我错过了一个教育的良机，让原本是一个成功的教育机会在我忙碌中、不经意中失去了。

此后几天，我不断在心里问自己：教育是什么呢？老师和学生沟通要注意些什么呢？

有一些青春期的小女孩就像易碎的瓷娃娃一样，家中是独生子女，做事情考虑问题往往比较主观，有时行为处事容易冲动。上述案例中的许某就是这样一个非常聪明又带有一点叛逆的女孩。当自己不喜欢或心情不愉悦的时候，就表现为跟老师对着干。在这件教育事例中，教师能够深入孩子的内心世界，触摸到学生心灵中最为敏感的地方，使孩子认识到自己行为的后果——自己不仅失去了锻炼的机会而且还给同学们留下了"冷漠、自私"的印象。（这一点

对于一个青春期女孩来说是非常不愿意面对的事情，她们需要同伴认可，希望能够在同伴中留下美好的印象。）

　　但是，这件事情对我们的启发远不止这些。我们常常说：蹲下身来和孩子面对面，但是我们往往只做了其一，而没有做其二。从教十几年和许许多多的孩子谈话、交流过。但是那次的谈话我觉得失败了！教师的教育成功于谈话，引导却止步于谈话，失败于止步。它的失败缘于教师对孩子的某些特殊心理不够敏感，没有及时捕捉到孩子内心的需求，轻易地放弃了学生内心的需要。以为和学生做了深入交流沟通之后，事情解决了，而事实上却将学生心中刚升起的希望轻易地放弃了。教育的"爱"在教师的不经意中流逝了！

萌娃二则

3月28日　星期一　（六年级女生）

课堂上，老师请一位坐在后排的女生点评另一位同学的习作。瘦高个女生茫然地怯怯地站起来——已经比老师高一个头了。小女生似乎从刚才神游中突然醒悟过来，涨红了脸，一声不吭地看着我。

"请你对小红的习作提一点你的想法。"

瘦高个继续安静地看着我。

一秒，二秒……

"那么，我先讲？"

女孩似乎释然。

"咱们中国人讲话有个不成文的规矩，一般来说，水平高的人

总是最后总结性讲话。你的水平一定比红老师的水平高。"

"不……是，不是……"

"那么，你先讲？"

"我……对不起，老师，我……刚才没听。"

目的达到了。整治高年级上课溜号的同学，很多时候无需疾风暴雨，只需轻风细雨点到为止，这也是一招。嘿嘿！

3月31日　星期四　（红老师）

早上，和一位五年级女生一同走进校门。两人一边走一边聊。小女生向我诉苦：

"朱校长，你知不知道我妈妈这个人很不讲理。她不让我养小动物。我爸爸都同意了，但是妈妈就是不同意！"

"你妈妈为什么不同意呢？"

"她说，又臭又脏。"

"哦。那你想养什么动物？"

"我想养一只猫，两只狗，四只仓鼠，还有两只鹦鹉。"小女生连珠泡似的爆出来。

小不点原来想养一个"动物园"啊！我继续若无其事地聊："这么多好伙伴，那你养在哪儿呢？"

"我房间里啊。我房间里有一个小阁楼。"

阁楼里？！我看着眼前和我一般高的五年级女孩，心里不禁要笑出来了。

"那，小动物长大了怎么办呢？"

小女生似乎没有想过这么遥远的问题，想了一会儿说："送人呗。"

"哦，我明白了。原来好伙伴是可以送人的！"我故意把"送人"两个字拉长音，"我跟你爸爸说一声，等你长大了，也可以把

你送人了。"我一本正经地接着说。

"噢！那怎么行！不行。"小女生大声叫嚷起来，满脸通红地激辩到。

又治了！这叫作"以其人之道还治其人之身"。

嘿嘿！

混混

　　三年级的陈老师生病了，红老师去代课。下课后，三个小屁孩被红老师叫到办公室聊天。

　　刚才课上，红老师讲得激情澎湃，不料这几个小屁孩总是噼里啪啦发出不和谐的声音：一会儿是铅笔、橡皮的亲吻声，一会儿是铅笔盒的跳动声，一会儿又是书本痛苦的落地声，再或者是水杯叮叮咣咣的欢呼声……总扰得小伙伴侧目相望。课上想发作，忍住——不可跟小屁孩一般见识。想来，小屁孩是想给第一次给他们上课的老师来一点"见面礼"。于是，下课把三个小屁孩请到办公室。

　　让三个小屁孩分别落座。

　　"你们刚才上课的时候在做什么事情？"

　　小屁孩们嘟着嘴一脸紧张，拼命摇头。

"你们是觉得红老师的课上得不如陈老师好，你们不喜欢？"

"不是。"一个肥嘟嘟的"小圆脸"张口回答。

"那是为什么呢？"

一阵沉默。"我们是想混混看的……"

"……？什么？"我一脸茫然，再问。

"我们本来想，我们班里有四十多个小朋友，想混混看，红老师看不见我们的。""小圆脸"支吾着。

三年级的小朋友也有那么多的心思啊！平日里真是小看他们了。那么该怎么跟你们讲"不混混"的问题呢？我略微一思索，故作惊讶地说：

"混混？三年级的小朋友居然会用"混混"这个词了。那肯定是因为红老师的课讲得不够有趣，让你们想混混算了！"我佯作自责地对小屁孩说。

"不是！不是！"三个小屁孩七嘴八舌地赶忙争辩道，"红老师很幽默的、很有趣的。"

"这算是对红老师的表扬吗？"我微笑地看着小屁孩。

"不是。""小圆脸"一本正经地说道，"老师是不能表扬的。老师可以表扬小朋友，小朋友是不可以表扬老师的。我说的是事实。""小圆脸"简直是语无伦次。我听得云里雾里。

有的时候跟小屁孩们聊天，你得把自己也当作跟他们同龄的小屁孩，否则跟不上他们的思路。我迅速调整自己原先想好的教育内容，努力辨析"小圆脸"话中的意思。"哦，原来不是表扬，你只是说了一个事实。"我不知该如何理解小屁孩的话语。

"老师是不能表扬的。表扬老师，老师要骄傲的。要经过很多次事实以后，不骄傲了，才能表扬。"小屁孩的话简直颠三倒四。

我差点要笑喷。七八岁的小屁孩原来有自己的思维，有自己的逻辑啊！

"那么这样好不好，我们来做一个约定：以后红老师争取多几个'事实'，不骄傲，让你可以表扬老师。你以后上课不'混

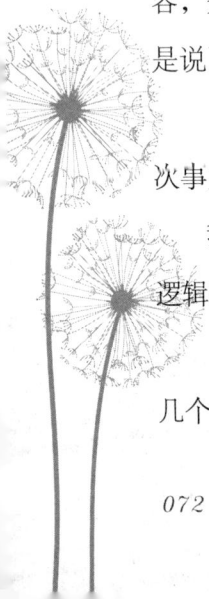

混'，让红老师多多表扬你，好吗？"

"来，我们握手约定，说话算话。"我跟小屁孩一本正经地握手，结束聊天。

……

回眸这一次谈话，突然心生感悟。教育是什么？教育不就是和儿童聊天促发其心智吗？两千四百多年前古希腊哲学家苏格拉底为何有"产婆术"的思想阐述？他在两千多年前就在思考：如何走进受教育者的内心。而"产婆术"或许是一剂良方。他的教学方法实际上是一种师生平等的对话方法。苏格拉底从不给学生现成的答案，而是让学生通过自己的探索、理解去得到结论，通过与学生的问答、交谈、讨论甚至争辩的方式来向学生传播自己的观点和思想。

有人说童心是一株稚嫩的花蕾，经不起疾风暴雨的袭击；有人说童心是未经工艺师雕琢的稀世珍品，而在庸人手中，它会因玷污而失去光泽……李贽称"童心者，真心也"。

因为喜欢儿童，所以研究儿童；因为研究儿童，所以我们读懂儿童的心灵；因为读懂儿童的心灵，所以我们就能呵护儿童的思想和行为。当我们以一种研究的姿态从事教育教学的时候，我们面对的事物也被赋予了思想和情趣，我们在付出大量劳力和心力的时候，就能够在知识领域和精神领域引领学生，对我们自身的工作就有更远的立意。

茫茫的大眼睛

放学时，一个女孩被叫到办公室。

这几天一直在这个三年级班里代课。几天课上下来后，发现这个小女孩总是神游，似乎总是在自己的世界里：一会儿发呆，一会儿玩着各种学习用品，一会儿在抽屉里翻弄东西。今天实在无语了，就把小女孩叫到办公室聊天。小女孩虽说只有八岁，但是个子比同龄人高，圆脸圆眼长发。

"跟红老师说说，你长大了想干什么？"我把小女孩拉到身边，让她坐在一把椅子上。

"……"小女孩歪着脑袋朝我看看，又歪着脑袋看看四壁，似乎没有听懂我的话。

"你长大了做什么工作？你吃饭穿衣的钱哪儿来呢？"我不得

不再次用浅白的话语问她，跟低年级的小朋友聊天，有的时候得找一个和他们公用的频道，否则就是鸡同鸭讲。

"我爷爷给我钱。如果我没有钱了，我也可以问妈妈拿钱。"小姑娘好像有点明白过来了。从班主任这里了解到小女孩平时基本由爷爷抚养，父母亲由于感情不和谁都不愿管她了。

"可是，你想过吗，有一天爷爷、妈妈他们会不和你在一起的呀！有一天你肯定要自己生活的呀！"我进一步追问。

"那我就玩玩手机啊，在手机上淘宝呀？""大眼睛"轻松地看着我。

"在手机上淘宝不也需要钱吗？"

"嗯——我有几百块钱。我也可以开网店啊！""大眼睛"似乎对网购、淘宝情有独钟，一门心思钻进去了！

"开网店需要本钱的，你的本钱哪里来呢？"

"嗯——我有好多双旧鞋子，我可以修补一下，卖鞋子。"妈呀，没有想到"大眼睛"还有这一招，看样子平时对此的确了解了不少。

"修补鞋子，那需要修补的本领哦！"

"那我就等到十七八岁再学习本领吧。"她依然用圆溜溜的大眼睛轻松地看着我。可我怎么感觉这大眼睛里缺少了一点什么。

"那么你现在干什么呢？等到十七八岁的时候再来学习？"

我只能顺着她的思路往下走，我的确没有想到这个八岁的小女孩还有那么现实的心思。

"……"小女孩又是一脸茫然，瞪着大眼睛迷茫地看着我。我突然有一种刺痛的感觉。

"那我就炒股吧！"突然小女孩很坚定地跟我说。

我睁大眼睛看着这个个子足有五年级女生高的小女孩，吃惊地问："炒股？！"

"你会炒股吗？"

"我爷爷炒股，我叫爷爷教我。"

我再一次有一种刺痛的感觉，心中一种隐隐的东西在翻来覆去，一下子不知该如何往下说。我知道，这个小女孩为什么上课的时候一直是游离在自己的世界里了！为什么这个八岁的小女孩一直会用茫茫然的眼神听课了！在这种状况下，我跟她讲要好好学习、专心听课之类的话，是多么的苍白无力啊。停顿了一会儿，我说：

"炒股需要看懂很多字，要计算，还要能够静下心来研究股盘。你也可以回家问问爷爷，炒股需要哪些本领。我们现在就学一学炒股的本领，好吗？"我有点疲倦地看着小女孩，说，"明天请你告诉红老师，炒股需要哪些本领。"

小女孩用空洞的大眼睛看着我，似乎不相信我说的话，怔怔地看着我。她可能没有想到红老师既没有批评她，也没有跟她讲很多道理，就这么随便跟她聊了一下。等看出我好像不是开玩笑，她落寞地走出了办公室。

一连几天，我一直在想那双茫茫然的大眼睛，不知是该喜还是该忧。有人说学校是社会的缩影，是的，一个小小的缩影，即便在一个七八岁的小孩子身上你都可以看到社会、家庭在他们身上的折射。在这样的折射下，为师者的苦口婆心往往显得空洞无力、不堪一击。我常在想，我们平日里对孩子们说的话，是否真的走进孩子的心里了？还是被孩子当作正确的大话呢？假如那天的谈话，我还是像以往那样一进门就批评小女孩上课不专心，不是显得很滑稽可笑吗？怪不得，我们平时的很多话，都被孩子当作"耳旁风"吹过了。

　　一想到这，心里不由得一惊：老师啊，老师啊！你了解孩子们吗？你知道孩子们的心里在想什么吗？

奖励卡没用了

故事背景:

本周已经是这个学期的最后一个星期了，也是全面复习的一周。下周马上要进行期末考试，各个班级都进行期末总结，学生得把他们一学期来从老师那儿获得的奖励卡换取各种期末奖状。

故事序幕拉开……

孙亦名是六年级的孩子，个子不高，皮肤黝黑，一双黑溜溜的小眼睛闪亮闪亮，虽然戴了一副黑黑的眼镜，但是厚厚的镜片仍然挡不住其背后贼亮贼亮的小眼神。只不过啊，小子……（作为老师，你懂的……）

这一天吃好中饭，我像往常一样走进教室订正作业。小名同学似乎屁股抹油了，在别的同学奋笔疾书的时候，他在座位上东张张西望望，一副悠然自得的样子——完全一幅"笑看人间"的风范。

我仔细瞅了瞅订正"阎王本"："20号（20号就是孙亦名的学号），作业没有清掉，其他同学已经完成了。"

20号，他茫然地朝我瞄着，似乎我报的学号并不是他的——事不关己啊！

我皱了皱眉头，提高嗓门："20号，只有你没有清掉作业了！"

当我埋下头继续批改作业的时候，小名又瞄向了后面的卜凡宇同学，真是一只"孙猴子"啊，总能在你无暇顾及的时候找到"缝隙"自顾找乐子。结果可想而知，作业又没有订正掉。

······

临了，我只好把小名叫到办公室，让他单独到办公室里订正作业。不到五分钟，他作业就订正好了，而且全对。

"今天是什么日子？"我不紧不慢地批着他的作业，一边问他。

"今天是星期五。"小名眼睛不眨应声答道。

"我问的是对你来说，今天是什么日子？"

这一下，小凡有点摸不着头脑了。

"订正作业的时候，大家都在订正，你是在云里雾里？还是在梦游？"

"我感觉今天我的心好像不属于我。"小名一本正经地回答，六年级的学生个个都是久经考验的高手，更何况智商130的小名。

跟他们讲话得斗智斗勇，否则被他们在心里嘲笑一百次。

"哦，那么想个办法让你的心回来吧。今天迟交作业，扣除2张奖励卡。或者是2的5次方？"我心里狠狠地盘算着，居然还有理由：心不在，说得轻巧。

"2的5次方？我好像没有那么多。"小名是数学天才，数学是一等一的好，对他来说眼睛不眨就知道这是不可能的。"不过，反正我马上要毕业了，奖励卡也没用了。"

言下之意，你扣除奖励卡好了，没关系。果然是个猴精！我得治治他。。我脑子飞转。

"怎么没有用？你这么聪明的人居然变得这么笨？"我故作吃惊地说，"奖励卡是你小学神勇的资本啊！你忘记了那天你爸爸在红老师办公室的时候，怎么聊他当年上学时候的'英勇事迹'的"小名的爸爸也是这所学校毕业的，当年也是一名数学高材生，后来进了浙大计算机系，如今是一名工程师。那天，为了小名，爸爸和红老师当着小名的面聊起了他读小学时候的事情。小名听得一愣一愣的——他没有想到平日里只知道和电脑打交道、看起来木讷的老爸原来是这么了不起！那羡慕的眼神充盈着整个眼眶。

"你有那么多奖励卡，将来你就可以在你儿子面前显摆了呗——瞧，老爸当年多牛！当年老爸得到了那么多奖励卡！"

经过红老师一提，小名似乎马上回忆起了开学初的那一幕了："那……那我不知道，到那个时候我这只箱子到哪儿去了？"

"你看看，说你笨就是笨。这么贵重的东西怎么不知放哪儿去呢？到了你孙子这一辈的时候，你的奖励卡就是家传古董啊！可珍贵了！而且这么一代一代传下去，这就是传家宝，更显得你们家的家风是如此好学和优秀。这是源远流长的家风啊！"我故意用夸张的语气严肃地对小名说。

"哦——是的哦——"显然小名也被我说得云里雾里了。他相信这奖励卡真的不简单。小名那副黑眼镜背后的小眼睛又闪亮闪亮

地看着我。

"那么，你今天的奖励卡要不要扣除了呢？"我突然言归正传。

这下，"小眼睛"傻了。这么宝贝的奖励卡，被红老师这么轻易地扣除，岂不是太冤了。小名的心里一定是这么想的。看他怎么打算！

"这样好不好？红老师，你先让奖励卡存放在我这里。我以这个星期的作业做担保。"小名开始动脑筋了，"如果我这个星期的作业不认真做，你把我所有的奖励卡都没收掉！"小名信誓旦旦。对于这个猴精，这样的保证实属不易。

跟高年级的孩子，就得斗智斗勇啊！

若干年后回到母校，小名也许会说：红老师，你怎么还在小学里当老师啊！你太令我失望了。

"高智商"何宇二三事

何宇，五年级男生。

聪明绝顶，技冠群雄，每次数学竞赛都获得一等奖。更厉害的是，该生篮球、足球、跑步等体育运动也相当出色，简直是全才！这种孩子就是传说中的"别人家的孩子"。

一天午间休息时，班里的刘玉同学和一帮女孩子站在走廊上，刘玉同学朝着对面六年级的窗户大声叫喊：看，那个大同（六年级一帅哥的名字，篮球打得最好，个子最高），哇——电影明星一样……

红老师正要找刘玉谈话。看到刘玉在走廊上如此肆无忌惮地评点高年级的男生，心中很是诧异——跟平时简直判若两人啊！在红老师印象中，刘玉属于那种文文静静，似乎不太机灵的女生。面对

很多事情，她的反应总是比一般的同学慢一拍。刚才上课的时候，刘玉居然在和旁边的何宇讲话讲得眉飞色舞，为这事红老师真想找刘玉好好聊聊。

"刘玉，你到办公室来一趟！"红老师的声音不大，但听得出有一丝生气。

来到办公室，红老师单刀直入："你刚才在走廊上叫什么？"红老师的小眼睛变大了，疑惑地看着刘玉。这个五年级的女生难道有早恋的倾向？

"没……没叫谁。"刘玉的声音轻得跟蚊子叫一般。

"没有？！大同是谁？"红老师真的生气了，提高了嗓门。

刘玉慌了，眼泪水吧嗒吧嗒开始滴下来了。

"说，大同是谁？"

"六年级的那个同学，是校篮球队员。"

"你怎么认识的？"

"我不知道。刚才上课的时候，何宇告诉我，说大同喜欢我……"声音听不清楚了。

"什么？"红老师一下子明白了，又是这只"猴子"！

"何宇，你刚才上课的时候对何玉说了什么？"

"没什么啊——"何宇一脸茫然，好像很无辜地看着红老师。红老师知道，这小子又开始演戏了。

　　"你对刘玉说，大同喜欢她。没有说过吗？你为什么这么说？"红老师眼睛直直地盯着何宇。她知道这小子的小脑袋瓜开始高速运转了！

　　"没什么。我就是随便说说。我就是不想让刘玉听课而已。"这小子回答得倒是爽快，好像"坦荡荡的大丈夫"！

　　"而已？！"你自己不听课，还不想让别人听课！仅仅是"而已"？！

　　"反正她也听不懂……"小子又嘟嘟囔囔地低声辩解。

"好，你不想听课可以。这样吧，这节课，你就在这里自我反思。让刘玉耳根清静清静，正因为她不太听得懂，所以更加要仔细认真地听。你反正已经不听自懂的，那就不用去听了，在这里静静反思吧。"红老师真是气不打一处来，居然想出这么一招对付他不喜欢的女生，真是个坏小子，汝真可恶！

……

第二天早上出操。全班同学已经站在走廊上排好队，等着何宇。

"何宇，快！大家都在等你了！"

"那就再等一会儿吧。我作业还没有做完呢！"红老师无语了。

……

出操回来，红老师宣布了一条规定：刚刚红老师和数学老师商量做出一个决定，从今天开始，何宇同学的数学作业必须等全班同学都批完以后，再批。这个规定一宣布，好几个孩子都乐了，何宇急了，涨红脸直叫"why？Why？"

数学老师批作业有一个规定，凡是在前十五名批掉作业的同学，可以加分奖励。何宇最喜欢数学，是数学老师的得意门生，是全班同学羡慕嫉妒的那一个，每次都能够加分。这下，语文、数学老师的这一条联合规定让他傻眼了！

午间休息的时候，何宇磨磨叽叽地来到在红老师身边。一会儿说，红老师，我可不可以去批数学作业？一会儿说，红老师，我今天没得加分了！一会儿说，红老师，求你跟数学老师说说，可以批我的作业了……

"没有，你再等等。早上是全班同学等你排队，现在你等全班同学也是应该的。"红老师轻轻地坚定地对何宇说，"平时，你总是嫌这个同学太笨，嫌那个同学太慢，这一次你做做那个最'慢'的同学吧！"

"我……我不会了……"何宇终于讨饶了，低下头支支吾吾。

学校要开运动会了。

红老师问："何宇，你准备参加什么项目？"

"我不能参加。最近这段时间，我的脚不太好。我妈妈说让我不要参加。"

红老师看了一眼何宇。刚刚下课的时候，这小子还在走廊上追一个同学，动作很灵敏啊，丝毫没有脚伤的嫌疑。红老师看了一眼何宇，淡淡地说了一句："好吧！你不用参加了！"

运动会那天，全班同学在操场上。红老师正在为跑步的同学加油。何宇走到红老师的身边说："哎，跑得这么慢！我一百米、二百米、八百米都比他行！"

"没关系，他即便是跑了最后一名，红老师也觉得他非常光荣！因为他为班级尽力了！"红老师说完，不理何宇，只顾给同学加油了。

何宇愣了一下。

过了一会儿，他站在红老师的身边卖力地为同学加油。

何宇是一位绝顶聪明的孩子，这么聪明的孩子有时候难免心中有小小的骄傲，这份骄傲也难免会使他发生一些小故事。每一位老师在教育旅途中都会碰到类似何宇这样聪明的孩子，因为聪明，他们身上的瑕疵往往会被老师忽视。但正是这份瑕疵，需要老师智慧地不断给予磨炼，让一块璞玉得以雕琢成为美玉。

迟到的同学

这个故事发生在年轻的红老师身上。

多年前，红老师接手了一个班，成了五十个孩子的新班主任。中途接班，红老师被圈中同事戏称为后娘，可见当初接手班主任的滋味。当年红老师雄姿英发、意气风发，可新接手的班级，让红老师尝到了班主任的个中滋味。大名鼎鼎的宋林哲就是红老师的"苦瓜之源"。

宋林哲家住在学校操场边，跟学校隔了一条小区过道。宋林哲同学个儿小小的，在同伴中属于瘦猴型男生，这"瘦猴"绝对是"顽石转世"绝顶聪明的猴子。且"瘦猴"聪明伶俐，伶牙俐齿，有时又挺幽默，在同学中的人缘关系也相当不错。第一天，红老师看到"两眼滴溜溜"转的"瘦猴"，就喜欢上了。但是不到一周，

红老师就对他刮目相看。

"瘦猴"最大的特点：上学天天迟到。少则迟到几分钟，多则迟到几节课，更多的时候，是同学们上完两节课，大课间操开始了，宋林哲同学背着书包悠哉悠哉，以神不知鬼不觉的身手悄然来到他的课桌前。

接班第二天，红老师站在教室门口看同学们早读，一边准备第一节课的学习资料。宋林哲从红老师身后窜出来。"宋林哲，你怎么迟到了？"

"嘿嘿——"宋林哲冲着红老师笑了两声，迅速走到自己的座位上。

"明天早点到校。不要迟到。"

第二天早上第一节课，红老师站在教室门口眼睛一扫，这小子，怎么没来？"宋林哲呢？"

"他肯定会迟到的——"同学们异口同声地回道。

红老师这下火了，一声不吭。第一节下课后，红老师在教室门口逮住了宋林哲。

"宋林哲，你怎么回事？昨天老师不是跟你说过了吗，让你不要迟到！你有没有把老师的话听进去？你到底怎么回事？连续几天都迟到！"红老师一连串话语炮轰，说得宋林哲一声不吭了。

"老师，我知道了。我知道了……"

第二周，宋林哲继续上演"昨天的故事"。这下，红老师坐不住了，她决定家访一下。红老师到了宋林哲家。妈呀，好家伙！这一家有三个孩子，宋林哲是老大，还有一个准备上一年级的弟弟，妈妈手里还抱着一个妹妹。老爸是某高校的教授，妈妈是全职太太，家里还有一位阿姨帮着带孩子。红老师从孩子的性格特点，到学校的规章制度、班级集体的建设、学生的习惯养成，对宋林哲的妈妈晓之以理，动之以情。经过五十分钟的动情演讲后，宋林哲的妈妈满脸诚恳，感动地说：

"老师，你放心，我会督促他的！明天保证不让他迟到。"

第二天宋林哲果然没有迟到。第三天却又迟到了，并且是第三节课才到学校。红老师傻了！终于红老师想出了一个绝招：让住在同一幢楼的同学每天早上去敲宋林哲的门。第二天同学刚敲了一下门，宋林哲已经背好书包打开家门了。第三天，同学去敲门，敲了半天，宋林哲妈妈磨磨叽叽地打开了，对同学说："我家哲哲昨天很累了，他爸爸说了，让他多睡一会儿。你先去吧，我等会儿把哲哲送过来。"

这一天哲哲同学在两节课后到了教室。第四天，同学去敲门，敲了很长时间，没有人开门。同学只好到了学校，告诉红老师："我敲了很长时间的门，宋林哲家没有人开门。但是我听到里面有人讲话的声音。"

天啊！红老师一声长叹！

"我就不信治不了你了！"宋林哲的种种现象激发了红老师的聪明才智。书上说"爱是一切润滑剂，是感化学生的灵丹妙药"，那我就用"爱"这一招吧！经过几天的观察，红老师发现小宋特别喜欢看漫画书，于是特意买了两本几米的漫画书，在班里和孩子们一起看。红老师一边和孩子们聊漫画，一边偷眼看小宋的反应，孩子们兴奋得叽叽喳喳说个没完没了，个个拼命往讲台前挤。小宋伸长着他尖尖的脑袋，挤在人群前两眼直盯着那本几米漫画。见时机差不多，我示意大家坐下：

"宋林哲，如果你能连续一个星期上学不迟到，红老师就把这本漫画书送给你。"

"哇，太幸运了——"班里几个调皮鬼异口同声地叫起来。小宋两眼发光。

第二天，宋林哲果然没有迟到。

第三天，宋林哲踩着铃声冲进了校门。

第四天，宋林哲第一节下课后到了教室。

期末考试来临了，任课老师们都向红老师告状：宋林哲天天迟到，有的时候语文课整节课没有上，更多的时候语文、数学课都没有上。红老师心急如焚，想出了一个狠招：一天早上8点钟，红老师站在操场栅栏边，顾不得斯文，硬着头皮对着宋林哲家的窗户高喊：

"宋——林——哲，起——床——了——"红老师的大嗓门在操场上空回旋，冲破了小宋家的窗户。

这一天，宋林哲终于在第一节语文课前赶到了。

第二天，家长来到学校，跟红老师一番长谈。

这个故事已经过去好多年了，小宋如今应该在某个大学里深造了吧。回想这个故事，红老师不禁莞尔一笑。谢谢小宋，让红老师在年轻的时候品尝了教育的各种滋味，因而对这份职业有了更深切的体会。班主任工作真的是一个太奇特的工作了，其实你面对的不仅是一个个孩子，还有孩子背后一个个性情迥异的大人，甚至是

千姿百态的家庭。作为班主任，你需要有足够的爱心去面对千差万别的孩子，更需要有足够的思想准备和耐心面对其背后的"亲友团"。

其实，教育真的不是万能的，但是每个孩子都有其独特的成长之路，有时候我们要允许孩子有不一样的成长方式——虽然这份不一样可能是百分之一或者是千分之一，作为老师要理解和尊重这一份独特——我们能做的是守住教育的底线，保护每一位孩子的善良。就像百草丰茂的大地上，有一朵雏菊的绽放无疑也是一份景致。

嗨，小宋！祝你一切安好！

皎洁的月亮

月亮，可不是指天上嫦娥住的那个地方哦，而是我校的一名女学生的名字，是红老师见过的最皎洁的孩子。想来，父母为其取名为"月亮"，必有"皎皎兮若明月，皓照兮如玉镜"之美好愿望在其中。月亮，正如同她的名字一样，为全校师生带来一缕皎洁之白月光。

一年级，小朋友开始报名上学了。月亮的班主任拿到教导处分配的班级名单后，准备趁着暑期先去家访几位小朋友。

班主任老师电话打到月亮家，月亮的爸爸妈妈都上班去了。接电话的正是月亮本人。

"喂，请问，这是白月亮的家吗？"

"是的。"

"哦,你好。我是白月亮的班主任老师。请问白月亮的爸爸妈妈在家吗?我想今天过来家访一下。"

"哦,我爸爸妈妈不在家。你就是我的小学老师啊。我就是白月亮本人。我告诉你哦,我很调皮的,我管不住自己的。"电话那头的声音嫩嫩的、脆脆的,可说话却是一本正经的。

"嗯?……"班主任老师惊愕,一时不知该怎么接话。班主任正在狐疑,是白月亮小朋友本人?还是白月亮的亲戚朋友?如此直抒情怀的话语出自六岁小朋友之口,着实让工作了十多年的班主任笑了好几天。这下,还没开始上学,月亮的大名已经传遍校园了。

正式上学了。

小朋友高高兴兴地背着书包陆陆续续进校园了。

有一天早上,同学们差不多都进校了。白月亮也背着书包踯躅地从远处的小道上走过来。来到校门口,她望着校门口站着的校长,大眼睛像小月亮一样圆圆的。校长正笑眯眯地看着白月亮,说道:"白月亮,早!"

白月亮仔细地看了校长一会儿,很认真地对校长说:"校长,你的脸太大了!"

校长一脸惊愕,没想到一个上学迟到的一年级小屁孩见到校门口校长的第一句话,是这么一句惊人之语!校长傻乐了,摸着月亮的小脸蛋,笑得快喘不过气了:"月亮啊月亮,你的脸蛋可一点也

不像圆圆的大月亮啊。"

上学后，小朋友都在学校吃中饭。

每天中饭之后，白月亮都在操场上和一帮同学疯跑，直到满头大汗。夏天，太阳大，白月亮晒得跟黑月亮一样，照样跑。有时候她一抹满头的大汗，脸上都抹上了几条黑印，不管不顾照样跑。一开始是和本班的同学，后来是和其他班的同学；等到月亮升到五六年级了，别的同学都不爱在太阳下疯跑了——要么怕太阳晒，要么去做作业了。跟在月亮身边疯跑的，换成了一年级的小弟弟、小妹妹，红老师站在楼上往操场上看——一个大不点后面跟着一群小蝌蚪，那情形就像月亮绕着地球转一般，只不过有好几个小月亮。

一个冬天的午后，同学们吃好中饭。月亮刚刚吃完了两个手抓鸡腿，正在走廊上奔跑——想准时到操场上去玩了。远远地，身穿白色羽绒衣的音乐张老师挺着一个大肚子，从走廊的另一头走过来。

"张——老——师——"月亮猛然看见了张老师，伴随着一声响彻整幢楼的童音美声，迎面向张老师扑去，紧接着两个抓过鸡腿的手也扑向了那圆滚滚的白衣服。雪白的羽绒衣背上，留下了两个褐黄色的大大的手掌印……那一年，月亮读六年级，那之后下一个学期月亮成了中学生了。

今天红老师在写这个故事的时候，脑海中不时浮现出那个高高的胖乎乎的白月亮——好想念这个可爱的小屁孩。红老师想，万事万物都有自己的生长规律，人也是大自然的一部分，人的发展也有自己的规律，违反了自身的规律，总会适得其反。记得曾经在一本书上看到一首小诗，挺有意思，让我们一起品味。

请让我慢慢长大

亲爱的爸爸，请给我一个窗口，

给我留一片还没有污染的天空，

在层层重重的铁窗后，

让我望一望草地上绿色的自由。

亲爱的妈妈，请给我哭闹的时间，

让我迟一些才学会标准的笑容，

也许你可以先给我一些时间，

让我喜欢自己，

才接受文明的训练。

亲爱的老师，请不要那么紧张，

不是所有的歌曲都要规矩地唱，

一切的ABC可以慢慢学，

不要教我增光添彩，

请让我从从容容。

也许这就是月亮们的心声吧！

易成逸事

易成是隔壁班三年级的孩子，比咱们班高一个年级，个子也很高。易成在同龄人中可谓是人高马大：魁梧，一点都不黝黑，反而是白里透红，再加上一双小眯眼，浑身上下充满了喜感。易成现在可是学校里的大名人，人高马大的小易成去年参加世界名校皮划艇赛，居然获得了亚军。获奖的时候，易成一手拿奖金支票，一手把亚军奖牌放在嘴里咬……超有明星范。

馋猫帅哥

记得和易成初次打交道是在一次课间。那天课间，红老师给小屁孩们发奖品，当然奖品中也有小屁孩们特别喜欢的巧克力——那巧克力是教师节的时候一位小朋友送给红老师的，现在红老师刚好把巧克力当作奖品送给小屁孩。正当红老师发巧克力的时候，易成不知道什么时候站在了我们身边：

"红老师，你们在干什么？"当看到小朋友在吃巧克力时，整整比咱们班同学高出一两个头的易成小眯眼看着红老师，"红老师，我也要吃。"

红老师愣了一下，这是小弟弟、小妹妹的小奖品。你也要？

"我也想吃。"看着易成真诚的小眯眼，红老师觉得他是真的想吃，不是来凑热闹的。"好，那就给你一小块。"易成跟二年级的小弟弟小妹妹们一样很开心地接过一小块巧克力，甜蜜地细细品尝起来，那样子好像吃到了从未有过的美味——其实，这是一块普通的黑色巧克力，毫无特别之处，可能在他们家里放个十天半个月，他都不会想到去吃它。

那以后，红老师认识了三年级的易成，易成也认识了比他低一个年级的红老师班里的小屁孩。那以后，经常在走廊上看到易成"鹤立鸡群"在一群小屁孩中——活脱脱一个孩子王啊！那以后，有一次，易成捧着一个生日蛋糕过来，开学地说：今天是我的生日。那开心劲儿，真有点有福同享、有难同当的味道——这魁梧的大帅哥心地可善良了！

老师太胖了！

这个学期英语拓展课选课，小易成不想上Claire老师的课。原因很简单，Claire老师太胖了，没有其他外教老师帅。Claire老师是一位澳洲英语老师，的确很胖，但是非常开朗，教学水平特别高，尤其是英语教学辩论方面。可是，这是一个看"颜值"时代。无论班主任老师怎么劝说，犯了偏病的易成就是不肯去上课，没有办法的班主任只好把这件事情告诉红老师。这不，上课铃声已经打过了，易成还在走廊上溜达。刚巧，红老师在走廊上遇到了在门口犹豫的易成。

"怎么啦？易成，为什么还不进去上课？"红老师当作什么也不知道，轻轻地问。

"嗯……我……"易成低着头支支吾吾。

"有什么困难需要红老师帮助吗？"

易成看了我一眼，原来的白里透红的胖乎乎脸蛋变得更红了。"我不想上Claire老师的课。"

"哦，那么咱们找个地方聊聊。跟红老师说说你为什么不想上Claire老师的课。"我伸手去拉易成的"大手"。易成的手摸上去胖乎乎、肉嘟嘟的。站在红老师身边，他已经比红老师还高了。不过易成还是给红老师面子的（呵呵，也许他还记得红老师给他吃过巧克力的），乖乖地跟着红老师来到阅览室。我们找了一个安静的角落坐下来。

"能不能跟红老师说说你不想去上Claire老师课的原因吗？"

"我不喜欢Claire老师。"易成倒是一点也不说假话。

"哦，你了解Claire老师吗？你知道有哪些同学在这个班上课吗？"

易成用小眼睛看着红老师，脸还是红扑扑的，显得更加白里透红了。"这个班总共只有十四个同学，个个都是学校里的英语高手。你熟悉的潘游同学、葛硕同学、吴昊同学（全校小朋友最佩服的英语高手）都在这个班里。"易成眼睛睁得大大的看着红老师。

"在红老师的心目中，易成的英语水平跟这些同学一样，也是大家学习的榜样，也是咱们学校顶呱呱的高手。Claire老师在英语老师中也是一位顶尖的高手，她的英语教学水平一点也不比红老师的语文教学水平低。你不想跟一位高水平的老师学习吗？你不想成为像葛硕一样的英语高手吗？"

易成不说话了。这真是一个死倔死倔的臭小子。红老师得趁热打铁。

"易成当初学皮划艇的时候，是先看教练员长得胖还是瘦的吗？如果当初是先看教练员的外貌怎么样，可能咱们的易成就拿不到亚军了哦！"

"易成今天是要跟Claire老师学习英语水平，如果你还不了解Claire老师的教学水平，就选择放弃，说不定就失去了一次帮助你成功的机会了。"

"我……我……"易成神色缓和下来了，显出有点不好意思的神色。红老师必须"乘胜追击"：

"这样吧，你先去试上两节课，感受一下Claire老师的水平。你觉得这位老师是不是一位高水平的外教老师。两节课后再来告诉红老师你对Claire老师的了解。"

倔小子终于在红老师的目光中走进了Claire老师的教室。

"那，下次可以撞得再重一点。"

前两天倔小子又发生事情了，一个看上去如此温文尔雅的胖小子，他的活动能量还真不小——他被一位老奶奶带到了红老师面前。事情的起因是这样的，放学的时候，易成把一个低年级的小男生绊倒了——按老奶奶的说法是故意绊倒的，易成自己却说是不小心撞倒的。老奶奶正是小男生的亲奶奶，是来接小男生的。于是，老奶奶认为易成欺负小男生，就把易成带到了红老师面前。别看平时高大魁梧的大男孩，这个时候在老奶奶和红老师面前，变得怯怯的。

"易成，这件事情红老师听明白了。不过，红老师相信这件事易成可以自己解决。"红老师看着已经很难为情的易成，轻轻地对易成说。红老师对着一高一矮、一大一小的两个男生，心平气和地说：

"这件事，需要红老师帮你们解决吗？你们两个都是很懂事的孩子，也一直是老师心中很能干的孩子。"我朝老奶奶眨眨眼睛，笑眯眯地说："老奶奶，你放心！这两个小伙子肯定会自己解决这件事情。"

"易成，请你明天告诉红老师是怎么解决今天这件事的。"

第二天，易成来到红老师面前说了"处理事情"的过程。

"我只是轻轻地碰了小弟弟一下。昨天我带小弟弟去杨医生那里看过了，杨医生说小弟弟没有事情。手上的衣服拉起来看过了，红色的痕迹只有一点点……"

听明白了，易成是想告诉红老师小弟弟根本没有问题了，他只是轻轻地碰到了小弟弟。等易成说完，红老师说：

"哦，原来是这么轻轻一碰啊。那下次碰到小弟弟，还可以撞得厉害点！"易成听出了红老师话中有话。跟红老师打了那么多次交道，彼此太熟悉了。

"不是的。是……"易成知道问题在哪儿了，聪明的孩子一点就通。对待聪明的孩子无需说太多，点到为止，这就是教育的适度。

独一无二的你

程星，六年级，个头一米七，体重不足五十公斤，瘦。

程星是隔壁班的学生，与我们班一墙之隔，可谓"鸡犬相闻"。这个学期要毕业了，他的人像他的名字一般"星星之火，可以燎原"，成为全校老师都为之惊叹的一员。数学老师拿着他的练习卷，经常在办公室气到"无语"。

那日数学课模拟测试。测试一结束，数学老师拿着试卷气呼呼地走进了办公室，程星悄无声息地跟在数学老师后面走了进来。

"你说，你怎么回事？你到底想不想学的？！"听着数学老师一连串的质问，红老师感觉今天程星又闯祸了。原来练习卷上有一道相向问题的应用题又给程星带来了创作灵感，题目是这样的：两辆汽车相向而行5小时相遇，甲比乙快1/3，如果甲的速度是每小时

40千米，那么两地的距离是多少？

程星的整张数学卷没有写多少字，独在这道题下密密麻麻画了几条线，线上画了两辆线型车，车边用泡泡图配了一句话：

"啪，发生交通事故啦！"

数学老师批着这张卷子，对办公室说："我们程星又出了一幅杰作！"看来对于这样的杰作数学老师已经见怪不怪了。据说还有一次，数学老师在讲一道几何题，讲到了铁锤的体积大小。正当老师条分缕析的时候，程星同学在座位上自言自语地说"铁锤都沉到水底去了，还算什么体积啊。"

看着数学老师手里的练习卷，班主任兼语文老师哈哈大笑起来，"你这张练习卷还算是一幅漫画啊！我让你看看他的大作。"

语文老师拿出一个作文本。作文本上要求写"谢谢你，"半命题作文，老师规定写400个字以上。程星写的是"谢谢你，小老鼠"。程星写了几行字以后，就在本子上写下了"哒哒——哒哒——哒——哒——"这一串哒哒一直写满了整张作文纸。最后一行，程星写道：

"谢谢你，小老鼠。我终于把你打死了！"红老师拿过本子一看，果然是歪歪扭扭的几行字。翻看到第二页，又出现了一行字：

"第二天，小老鼠又活过来了！"

语文老师面对这篇独特的作文，只能写下一句评语：你终于写到400个字了！

哈哈哈哈，这可不是小说，而是真实的校园生活哦。不过红老师得忍住笑，回到眼前的"僵局"中。眼前的程星一副死猪不怕开水烫的样子，把数学老师气得话也说不出来。眼看着僵局将陷入死局，红老师便把瘦不拉几的程星拉到身边，拿来一张凳子让程星坐下。

"程星，你的画画得不错，还配有文字说明，颇有漫画的味道。"红老师只能用缓冲法来面对眼前的死局了。

"反正我做不出。老是这样（车子）开过来开过去，有什么好算的。"程星一副无所谓的样了，轻轻地说着。

"看样子你跟红老师小时候一样，也不喜欢算来算去。"我开玩笑地说着。

程星眼皮抬了一下，看了我一眼。

"不过，红老师发现你比我小时候要厉害。我那个时候题目做不出只能傻傻地干坐着，像个木头人；你却把数学题变成了漫画，而且还画得挺有意思，真佩服你。"见程星动眼皮了，我继续跟他聊着。

"你知道吗，从这些图中可以看出你还是理解这些题目的意思的。你用画图的方式来解决数学问题，这就是一种数学解题方法，而且是一种非常高级的数学思维！"程星拿正眼仔细地瞧着红老师，他感觉到红老师不是在开玩笑。

"只不过数学里的图画和美术课里的图画总是有点区别的。数学里的图线条更清晰一点，更简约一点，你看是不是？"

"你要不要重新来试试，把这几道题都画一画，只要你画清楚了，就算你这张试卷做好了。你看怎么样？"我一边说一边朝数学老师挤挤眼睛。"嗯，红老师说得对。只要你把每道题图画清楚了，意思画明白了，这张数学试卷就算你做出来了。"数学老师很机灵地跟上。

程星似乎不太相信这个结局，跟他原来设想的"暴风骤雨"完

全不一样，但是当他再次看看红老师、又看看数学老师，确定不像是开玩笑后，他终于爽快地答应："那好，我试试。"

……

不论程星画什么，对于他来说，用画笔去表达自己的思考，也许就是特别的程星需要的一种特别的爱。

做生意的女生

每年学校用"自由贸易节"的方式，让学生彻底放松一下，以庆祝六一儿童节。

广播里教导主任讲完了贸易须知后，一声"贸易节开始——"的话音未落，学生便从各个教室里涌了出来，犹如一股股潮水涌向中心花坛、大操场……占据了他们认为最有利的地形。整个校园里都是各式各样的"小商小贩"：有的在地上铺上一块大大的台布，台布上放满了各式小玩意、小用品和学习用品；有的"小商人"直接把东西放在地上；有的"小商人"随便弄一个台阶，在台阶上摆放；还有的"小商人"弄了一个超大的垃圾袋、旅行袋什么的，把东西一股脑儿放进包里，然后成为移动的摊贩，走到哪儿，就卖到哪儿，自己也一路买到哪儿……几年贸易节下来，很多孩子都已经

经验丰富，有的甚至是"生意老道"了。

每年这个时候，老师也会流连其间，挑选一些小玩意儿，以后可以当小奖品奖励给学生。

红老师也流连在一层一层、一个一个小摊面前。不一会儿眼睛被一个橘红色的笔袋吸引了，这个橘红色的笔袋有一个可以用手挽着的带子，对于我们老师来说，这个笔袋很实用。既可以当奖品也可以自用。笔袋里除了可以放红笔、黑笔之外，还可以放手机、钥匙等随身必备品。出门携带很方便，可以随时挂在手腕上。

"这个笔袋多少钱？"我走向那个"摊主"。摊主看起来是个六年级的学生，很高大健壮，皮肤晒成了黝黑色，不过她是一个女生，是个有点威猛的女生。女生戴了一副眼镜，增添了些许斯文。

"十六块钱。"

贸易节上卖十多块钱的东西已经属于"小贵"了。

"可不可以便宜一点。十二块吧？"红老师眨巴着小眼睛微笑地跟大女生讨价还价。

"不行啊！我进价都要15元了。卖12元，我亏死了。"大女生看起来很为难。

我笑了："那怎么办呢？"

"老师，这个笔袋很实用的，您可以作为奖品奖励同学们，也可以自己用。"说着，大女生还把笔袋的拉链试了几下。六年级

的孩子经过五年贸易节的洗礼，很有生意头脑了，讲起来都一套一套了。

"好吧，就16元吧。"我拿出一张100元的钱让她找零。

"我找不出那么多零钱。"

"那红老师没有零钱了，所有的零钱刚刚买东西用完了。"

"……""店家"那双镜片后面的眼睛透出了少有的老成眼神，望着我，不说话。似乎她在考虑怎么做成这笔生意，但是一下子好像找不到一个稳妥的方法。看着这个比红老师还要高、比红老

师还要重的大女生，实在不忍扫她的兴。

"这样吧，等会儿贸易节结束之后，如果你这个袋子还没有卖出，你就拿到我办公室里。我买下。"

"可我不知道你的办公室在哪儿啊？"

"抱歉，这要看你的水平了。"我望着这位健壮的女生，朝她挤了两下眼睛。

放学了，我正在办公室里批改作业。门前一暗，原来是那个"店家"。

"老师，笔袋。"

"哦，你终于找到我了。"我轻轻地对她笑了笑，"嗯，给你钱。"我拿出16元零钱给她。

"谢谢老师。我问了好多同学，后来又问了我们的体育老师，告诉他你的样子。体育老师说可能你在校长室。我就找到这里来了。"

她不知是因为终于找到我了，还是因为终于卖掉了自己的东西，兴奋地说着她的"找人"过程。

"这一次贸易节你赚了多少钱？"

"总共加起来快要100元了。"她有点得意地告诉我，"我的东西差不多都卖完了。算上你现在这个，正好赚了98元。"

"哇，赚了不少。很会做生意哦！"

　　"是啊，我前几天就在网上淘宝，研究同学们喜欢哪些东西。你这个橘红色的笔袋，我是在淘宝的时候，店家赠送给我的……"

　　"噢——？！"

　　门口一暗，健壮的身影向我告别闪走了。知道这时候红老师是什么表情吗？呵呵。

含着奶瓶的男孩

　　熊孩子们下个学期就六年级了，很多人都长得比红老师高了。班里总共有23男生，高的已经是一米七的个子、130多斤的体重；小的一米四，体重不足70斤。长得如此悬殊的一群男生在同一个班级，有的时候让人怀疑这是不是一个混龄班级。

　　更稀奇的是，班里有"四大金刚"。四大金刚的姓名里都带有一个"chen"字：陈一杰、张晨阳、叶辰、邵天辰，念他们的名字就好像是念一串绕口令一样。四大金刚的另一个共同点：跟老师说话、回答问题的时候都是嗲声嗲气的，听他们讲话你会完全忘却这是一群六年级的学生了。四大金刚几乎从不主动完成作业，上课也从来不会专心，更多的时候自己玩各种各样的东西：即便是一块橡皮也会让他们玩得不亦乐乎。有的时候，他们会相互之间"暗送秋

波"，"频频发射无线电信号"。班主任没有办法，只好把四大金刚分置在教室东南西北四个角落。不过，即便是这样，四大金刚也有办法互相暗发"电报"。老师没有办法，就经常冷不丁地点一下他们的名字。

"张晨阳！你来回答！"数学老师锐利的眼神瞄向了正在向邵天辰发送"电报"的张晨阳。

"嗯——嗯——"张晨阳有点慌张地站了起来，一只手拼命地捏着自己的裤腿边，另一只手挠着自己的后脑勺，两只大大的、滴

溜溜的眼睛，很无辜地望着数学老师，那眼神简直是楚楚可怜。

"你说啊——"数学老师尽力压制住自己的怒气，尽量用平淡的语气说道。

"嗯——啊——啊——我——不知道——啊——"张晨阳不光眼神无辜，语气更显无助，仿佛是一位三四岁的婴儿，面对母亲的"佯装大怒"时的求饶。

全班同学一起转向张晨阳，笑眯眯地看着他的样子，好像是班里进来了一位幼儿园小班的小朋友。

除了张晨阳的招牌式动作，陈一杰、邵天辰、叶辰也都有各自的招牌动作。

他站在老师面前，老师需要仰头才能跟他对话。他一手摸着自己的脑袋，一边扭着自己高大的身躯，一边奶声奶气地说道"老师——我——不知道啊——"。这就是陈一杰。

一边摸着自己尖尖的脑袋，一边抖着自己肥壮的大腿，闪着一双小眼睛嗲声嗲气地说道："嗯——我没带——"这就是邵天辰。

一边摸着自己黝黑的已经快盖过眼睛的头发，一边用你几乎听不清的声音，说道："嘿——嘿——"叶辰永远只会说嘿嘿两个字。

这就是我们班即将迈入六年级的四大金刚——一群含着奶瓶的男孩！红老师经常想，这群孩子长大了会是什么样呢？

小宁公主

开学一周，小宁给红老师留下了深刻印象。小宁，又名宁宁。在同龄人中个子算高的，二年级的孩子长得跟四年级的同学一般高。宁宁除了个高，脸蛋圆嘟嘟的，眼睛圆溜溜、乌黑乌黑之外，还梳着一把长长的乌黑油亮的马尾辫，活脱脱一枚"公举"。虽然名为"宁"，心性却散漫。说小宁散漫，可不是无凭无据。那么高个子的小"公举"，做什么事情总是慢吞吞地，好像永远没有心烦心急之事。除了做作业慢悠悠之外，更要命的是，上课的时候小宁宝宝也像一位世外桃源中的小仙女，慢慢悠悠地不急不躁地生活在自己的世界中，有一搭没一搭听课。

怎么办呢？那么大的一个大眼小仙女，二年级了似乎还是一个幼儿园里的萌娃。

一天上课，小宁宝宝终于被红老师激情演绎的课堂吸引了十分钟。这一下终于逮到了机会：

"今天，红老师看到了一双亮晶晶的大眼睛特别认真地听讲，真是我们小朋友的好榜样，不愧为大姐姐的样子。这样好吗？红老师建议这位大姐姐给我们当值日班长，怎么样？"

红老师一吆喝，小朋友都跟着赞同。这一下小宁坐在那里的个子更高了，眼睛更大了，眼神也亮了！"小宁，你可是咱们班里的第一任大班长哦！一定要给我们当好班长的样子哦！"

接下来 段时间，大姐姐真的像一位大班长，"身先士卒"，有模有样，连慢慢吞吞的作业习惯也明显地改了。 当然喽，红老师时不时会给小宁递上一个眼神，有时候走到小宁身边摸一下她的长长马尾，有时候冷不丁地说一句：小宁，你是咱们班的大姐姐哦！真是恩威并施啊。

慢慢地，小宁似乎找到了学习的乐趣了，可是没有改变的还是那股黏黏的悠悠"慢"性。操场上活动的时候，小宁总是不知从哪里冒出来一把抱住我，有的时候还差点把红老师抱起来——力气可有点大的！走廊上看到，有时候故意在老师眼前晃过——似乎就是为了让你看到她。阅览室阅读的时候，拿一本书径自坐到红老师身边——故意装作没看见红老师，认真地阅读。

有一天放学后，小宁给红老师发来语音。红老师回复她：

"红老师还在学校开会，不能听语音。"

结果，你猜小宁发回来的语音是什么？

"红老师，为什么你们可以这么开心，放学了还可以留在学校里？"那嗲嗲的慢悠悠的语音一下子让全体老师笑喷。

这小"公举"是有多么多么羡慕红老师在月亮老高的时候，还可以在学校里。

这之后，小宁每隔一段时间会在放学后给红老师发一个表情包，有时是一朵花，有时是一个笑脸，有时是稀奇古怪的表情，总

之各种表情包都有。

问她：有什么事吗？

"我就是给你发朵花。"

小宁妈妈说，现在她制服小宁的杀手锏就是再不听话，明天不送你去上学。

这一天，高年级同学在探究活动中举行义演活动，小宁看到了想要参加义演，可是忘记带零钱了。怎么办，随口一张：

"谁借我钱？"这么一来，小宁的好伙伴小溪、小钟纷纷把钱借给她了。

第二天一早，红老师还没到教室，小宁听到了红老师的脚步声，一溜烟地冲出来扑到红老师的身上，小宁居然第一个到学校。抱完了，小宁慢悠悠地拿出皮夹子，似乎是自言自语："这下我把钱带来了。这是五元，还给小溪。她昨天借给我钱了。这是七元给小钟……"边说，边把几张纸币放到两位同学空荡荡的桌子上——把钱还给桌子吗？两位同学都没有来哩！红老师看着桌子上的几张纸币，看着乐悠悠的小宁走回到自己的座位……

"哎呀，真好！等会儿红老师可以把这些拿走了！"红老师故意慢条斯理地说道。

"这是我还给小溪、小钟的。"

"钱上又没有名字呀。"

　　"钱上不能写名字的。"呦，小公主居然还知道钱币上不能写名字。

　　"反正没有名字，等会儿红老师拿走算了。"

　　"红老师拿走就是小偷。"小宁嘟着小嘴嘟嘟囔囔，不过一边说，一边走回来把钱收起来了。

　　单纯的小公主终于明白了，还钱是不能还给空空的桌子的。

"邮差" —— 童言

　　童宝宝，姓童，因其个子不高、皮肤雪白、双眼圆溜，故被大家昵称为"童宝宝"。童宝宝虽然在班里是小个子男生，但是其能量一点不小，每天都有很多故事发生。要么是今天作业没有做，被各科老师们催着讨债，要么就是跟哪个小子发生"国际事务"纠缠不清，再就是上课的时候窃窃私语，同桌烦不胜烦。更让人无语的是，童宝宝总是丢三落四，总是在书桌上、抽屉里寻找各种东西。总而言之，童宝宝的桌面、抽屉永远都是垃圾一堆。

　　接班时童宝宝已经是五年级了。前任老师告知：童宝宝长得像个白面书生，其实跟书好像一点没有缘分，作业本不是丢了就是找不到了。观察了一周，发现果然如此，五年级的童宝宝跟同龄孩子相比天真幼稚得一塌糊涂。

作文课上老师要求写书信。红老师联系了贵州偏远地区一所学校的同年级的学生，请每个学生至少认领一位同学。本次写信的要求：如何写一封情真意切的信，感动（说服）对方，让对方给你回信。红老师将以回信作为本次习作的成绩。孩子们摩拳擦掌，写信热情高昂。信写好了，要送到邮局寄出去。现在的邮筒不是太好找。此时童宝宝突然举手，他每天放学的路上都要经过邮局，他可以代大家去寄信……话还没有说完，全班同学不约而同地叫起来："不行不行！让你去寄，还不知道把我们的信丢到哪里去了！"

"谁说的？！不会的！不会的！"童宝宝不由得大声嚷起来，似乎想用声音盖过全班的声音。

大个子小崔站起来，已经变声的粗嗓门大叫道："红老师，不行的，小宝自己的东西都找不到，他万一半路上把我们的信丢了怎么办？我们大家都收不到回信了！"听了小崔这么说，其他同学都纷纷点头，不住附和道："是的，是的。红老师，小宝肯定会弄丢的。"教室里几乎乱作一锅粥。

"不会的！我一定不会的！"童宝宝转过头，看看小崔又看着一群朝他嚷嚷的同学，急得白嫩的圆脸涨得通红通红，急急地辩解。可惜，小宝一个人的辩解被一大群孩子的叫嚷声淹没了，他是显得那么弱小。

可是……红老师没有想到小伙伴对小宝是有这么的不放心啊！

这边小宝已经转过头来趴在桌子上呜呜地哭起来了——也许童宝宝自己也没有想到同学们对他是如此不放心！

红老师看看哭泣的小宝，又看看小崔他们——看来，红老师要做一个判断了！

红老师示意大家安静下来，"大家看这样好不好。据红老师观察，小宝这一次是真心想为大家服务的，想为我们全班同学做一次特殊邮差。不过大家的不放心，红老师觉得也是有点道理的，看来小宝平时做事情特别是自己的事情，一定要自我管理、有条有理，这样以后大家都会对你放心了。"

"万一信件丢了呢？"

"我肯定不会弄丢的！"红老师话没有说完，小宝就急急嚷起来，"要不然，红老师你跟我妈妈说一声，让我妈妈监督我。"

听了小宝的话，大家安静下来，把目光都投向红老师。

"好！红老师相信小宝！我们全班同学给小宝一次机会，好吗？"我把目光微笑地投向了大家，"红老师做担保。"

想为大家服务一次的小宝终于艰辛地、如愿地当上了全班同学的"邮差"。

傍晚六点多的时候，红老师收到了小宝妈妈发来的"邮差"工作的照片。妈妈还发来一段文字：小宝从来没有这么认真过，非常认真地一封一封信塞进邮局门口的邮筒，还叮嘱妈妈一定要拍照片

发给红老师。

　　第二天，红老师把照片给全班同学看，当着全班同学的面隆重地表杨了"邮差"。

　　这之后，小宝对红老师语文课的态度完全不一样了！

后续：

　　故事发生后一个月左右，同学们终于收到了回信。那天中午，红老师把一大叠回信拿到教室里。孩子们兴奋得不得了，大概是他们平生第一次收到来信！生活必须要有点仪式感。红老师一封一封地读着收信人的名字，孩子们表情各异，小宝乐呵呵地笑着，看看大家，看看红老师手中的回信——估计他挺得意的，邮差的功劳不

小啊！

红老师手中的信发完了。班里只有两位同学没有收到回信，其中一位就是小宝。小宝傻眼了！他看看身边的同学，一个个都乐呵呵地看着回信，还热切地讨论着信中的内容，有的孩子信中夹着小礼物，有的夹着小贺卡，有的夹着照片。一位同学收到了写有"I love you"的小卡片，全班同学都在凑趣，追着要看是男同学还是女同学寄来的……可是，我们的小宝，我们的"邮差"却没有收到回信。

突然，小宝大声哭起来，"你是什么人？！怎么这么没良心的？你为什么没有给我回信……我辛辛苦苦给写了那么长的信啊！"小宝哭得那个伤心啊！豆大的泪珠在雪白的圆脸上不住地滚落，"我还给你塞了邮票啊！你太不负责任了……"

晚上，小宝妈妈还给红老师发来短信，小宝回家还在伤心，还想不明白为什么没有收到回信。

第二天，红老师看到小宝在"漂流日记"上"痛彻心扉"地书写着这段伤心故事。

亲爱的小宝，这是一次多么深切的体验啊！

毕业后的第一个教师节，小宝坚持要回来看看红老师。小宝顶着烈日，捧了一个大大的花盆，来看红老师。

附：

一封足以伤痛我内心的信

在三月的时候，语文老师让我们全班同学写一封信，打算寄给远方的朋友。我们寄信的目的地是贵州山区一个叫"浙大小学"的五（3）班那里。在寄信前，我认认真真地写字、仔仔细细地检查。语文老师说过，要以回信作为这一次作文的成绩哦。

等呀等呀，等了一个多月，可是换来的是什么呢？

今天，回信终于来了。当老师捧着一大叠回信走进教室的时候，我们目瞪口呆——没有想到真的回信了！还是那么厚厚的一大堆啊！同学们都兴奋极了，我也连忙凑到老师跟前——要知道当初是我代表全班同学把信一封封寄出去的。我一看，呵！很多信封都厚厚的，里面好像还塞了其他东西。我高兴地想："一般来说，这些鼓囊囊的信里肯定有我的吧？"过了一会儿，还没有听老师叫到我的名字，我便焦急地坐在位子上，等待着"朱大大"叫到我上去"领奖"。

过了 会儿，红老师终于叫到了我。我便立马离开位子冲了过去，可是，我领到的并不是奖状而是"霾耗书"。我一看这封信，明显比别的同学薄多了，我有点失望了。这封信的厚度也就是三张纸叠在一起的厚度，里面根本没啥东西，似乎信封里只有空气了。我失望地一屁股坐到了椅子上。但是我还是有点兴奋地拆开信

封，希望有"新大陆"。我把那张薄薄的一页纸拿出来，那上面连一页都没有写满，字还是歪歪扭扭的！我瞟了一眼，小小的心立马崩溃了。你知道我一眼瞟到了什么吗？我一眼瞟到了"有你跟没你都一样"这句话，使我深受打击，我的心碎了四分之一。

可是就在我刚刚把那四分之一的心修补好的时候，又传来一个令我不可思议的"噩耗"，旁边的朱玉吉竟然收到了一张银行卡！还有的同学居然收到写有"I love you"的"求爱信"！我又崩溃了，这次，已经到达了一个不可挽回的地步！那可怜的小心心，这次只剩下千分之一了，那千分之九百九十九已经不知去向了。

我心想，这位同学呀！你也别这样整我行吗？你这样一说，我的心就好像被刀子捅了一样痛啊！何况如果你不喜欢就直说，只寄信封也可以啊！

经过好长一段时间的调节，一直到放学了，我的心情才渐渐好转。想想，还不错啦，有两个同学比我还惨——没有收到回信呢！而且，多亏了你，我才写出这样一篇作文，今天的漂流日记写完啦。

道歉

开学还不到一周，一年级老师中关于一对龙凤胎的奇闻逸事就流传开了。据说有一对双胞胎，奇的是试管龙凤胎，且两宝活力四射。无限充沛的精力已经让他们没有上课、下课之分，尤其是小哥。惊的是小脑袋转得快，看上去没有听课，走进走出若无其事，桌子底下爬来爬去无所顾忌，回答问题还能够说出个一二三。现在听红老师这么说，大家可能觉得这俩小孩还是挺有趣的。哪个老师运气奇好，有这样的宝宝，一定每天要烧香拜佛。你要是这么想的，说明你的职业一定跟教师毫无关系，连教师家属都不是。

这一天午间休息，孩子们吃好了中饭都在操场上玩耍。小哥在操场上满场飞奔，那精神头儿真是不一般。红老师的火眼金睛不敢松懈——安全第一。忽然，远远地，看见小哥跑到操场边，对准体

育老师放在身边的准备上课用的一个红色标志桶抡起一个飞腿——把标志桶踢得远远的。这还不算，小哥跑过去对着标志桶又踢了几脚。

红老师朝小哥走过去，装作没有看见小哥，径自走到标志桶旁边，蹲下身子轻轻地对着标志桶说：

"小桶啊，小桶，你是不是摔疼了？哪里疼了？"一边说着，红老师一边伸手轻轻抚摸标志桶，还帮标志桶吹吹身上的灰尘。

小哥大概从来没有看见红老师居然这么人、物不分，很是奇怪。他狐疑地走到红老师身边，好奇地看看红老师，又好奇地看看标志桶。终于忍不住了：

"红老师，你在跟谁说话啊？你在跟桶说吗？"

"是啊。桶疼了，红老师帮他吹吹。"

"他是桶呀！怎么会听懂你说的话？"

"当然能听懂啊。刚才他就跟红老师说，他身上很疼。说是一个小朋友踢了他好几脚。他疼死了。"

小哥脸上一阵红一阵白。看看标志桶，又看看红老师。见时机成熟，红老师拉过小哥的手说："刚才是你踢的吗？小桶刚才可疼了。你能安慰他一下吗？"

小哥看看红老师，学着红老师刚才的样子轻轻地对着标志桶做了"深情表白"：

"小桶，对不起，你还疼吗？我再也不会踢你了……"

这之后，校门口、操场上、走廊上、教室里，小哥每每看见红老师总是亲热地打招呼，一会儿说"我昨天跑步比妹妹快"，一会儿说"我被老师表扬了，妹妹被批评了"，一会儿说"我有十五颗星星了"……有时候还要拉着红老师的手，领红老师去看看他的宝藏。

干儿子

下课的时候一群小朋友直冲进来："红老师，小葛是小鸿的小狗。"

红老师："什么小狗？"

小葛："不是的，我说我是小鸿的小青蛙。"小鸿是班里一位古灵精怪的小女生，平时小男生都喜欢跟她玩。

一旁的小鸿笑得站不住，嚷道："他说他会跳……"

小葛："红老师你看，我会跳。"说完，小葛跑到走廊一头像青蛙一样向红老师跳过来……。果然是一只大青蛙！红老师笑得眼睛都要眯不开了，把小葛一把抱在怀里。

中午吃好饭，小葛神不知鬼不觉窜到红老师耳朵旁："红老师，我想叫你妈妈。"

"嗯？"还好还好，没说叫奶奶。

有时候人与人之间是很奇妙的，这就是人们经常所说的投缘二字，而对于师生来说，投缘二字有时候会特别奇妙。二年级上学期刚识小葛——个小、眼睛小，乌黑的眼睛，眼神很机灵，一看就像是猴精转世。这个猴精不仅小动作灵敏，会跳很棒的街舞，还是个话痨，每天不知道哪儿来的那么多话，嘴巴一刻不停，当然上课也难以停下。这下，对于一个老师来说麻烦就来了。老师们不得不再佩服他的唠嗑的水平了——简直无可奈何！

神奇的是，他一下课就要跟红老师讲话，告诉红老师，昨天干什么了，他看到了什么了，刚刚那个小朋友又干什么了……总而言之，什么都可以是小葛的唠嗑的话题。更神奇的是，他每次跟红老师讲话都要把红老师的脑袋掰过来，把嘴巴贴近红老师的耳朵——讲悄悄话！直把你的耳朵都说得痒痒的。更更神奇的是，小葛平时总是喜欢黏在红老师身边。有一次：又要跟红老师悄悄话来，一张口："妈妈，你听我说哦……"话还没有说完，他突然意识到不对："红老师，我刚才怎么叫你妈妈了？"乌黑的小眼睛贼贼地看着红老师。

"我才不要你这个臭儿子呢。"红老师故意噘着嘴巴说道。

"不行，我就要做你的干儿子。妈——妈——妈妈妈妈。"小葛小眼睛眯得更细了，故意掰着红老师的脑袋一连串地在耳朵

旁边嚷道。

"不要不要……"

"妈妈，妈妈妈妈……"

小葛似乎找到了一种新的游戏方式了。

这之后，一种新游戏经常发生教室里走廊上：

"红老师，你怎么不管你'儿子'啊？"

"红老师，你的点心应该给你'儿子'吃哦。妈妈要关心'儿子'。"

"红老师，说好的，今天你要把'儿子'带回家去哦。"

就连其他小朋友也经常打趣："红老师，你'儿子'来了。"或者在一旁起哄："你'儿子'今天被老师批评了。"

猴精猴精的小葛就这么黏糊糊地成了红老师的'儿子'了。

可是猴精猴精的小葛就是不爱读书写字，这是小葛妈妈最头疼的问题。一读书，要么拖音漏字，要么磕磕巴巴；一写字，要么抓耳挠腮，要么愁眉苦脸。作业三天两头不做、少做或不交。

真是令两位小葛妈妈头疼不已！只好每天"麻油"一桶一桶地浇上去：

"厉害哦，小葛朗读的声音真好听！"

"小葛这一段话朗读得完全正确，可以打败50%的小伙伴了！"

即便是一星点的火花，红老师都把它当作天大的好事夸赞：

"哇，小葛，这么难的平翘音你也读正确啦！"

"你看，小葛一认真，可以成榜样。"红老师把夸张手法用到比李白还夸张：

"这么聪明自觉的儿子，妈妈可喜欢啦！"

"今天回答问题，简直是小天才啊，妈妈真骄傲。"

……

在这样一桶一桶的"麻油"之后，在红老师的恩威并施中小葛终于喜欢上了语文。回家常常跟老妈嘚瑟"红老师是这么教的！""红老师是这么说的！""你不相信问红老师！"

可是，要写作文了。小葛才舒展开的眉头又皱起来了！能说，

字不会写啊。一写，错别字排着队伍出现啊！浇了"麻油"一时半会儿也写不出正确的字啊。这得下硬招了。

于是，要求小葛每天晚上默写两句话。光是有要求还不行，还得有辅助措施。一天，红老师悄悄地跟小葛、小黄、小王达成秘密协议：三人有特别优待券，每天晚上作业做完后可以先让红老师欣赏，这样他们的作业就是最先批改的。并且约定，这是我们几个人之间的小秘密！——对待小鬼，芝麻一样的小事都得当作天大一样的事情来对待；对待芝麻一样的小事，你得用巨无霸一样的规则来神秘这个过程。这就是说，你得人大心小。

有这样的秘密协议以后，小葛渐渐地学会完成作业了，至少不讨厌作业了，愿做作业了。接着，让小葛亲妈时不时把小葛在家里的默写拍照发过来，红老师时不时给小葛的那几行"蚂蚁"开"隆重表彰大会"——这下，小葛顺着麻杆不住地往上蹭蹭地爬了。

这不，今天红老师又开始讲作文了——三年级小屁孩们要正儿八经地写作文了！给小屁孩们立了一个新规矩：写一行得十分，看看今天的片段在规定时间内谁写得最多。结果十分钟下来，小葛居然写了八行！终于让干妈眉开眼笑了一回。

了不起的小葛，这下终于不再愁眉苦脸了！

野蛮女友

　　那天，一年级的小朋友都在爱秀堂集中进行午间数学游戏活动。当红老师走进爱秀堂的时候，发现c班的xrx女同学被老师叫到一旁批评。老师疾言厉色地对着xrx说着什么，哪料此生一副满不在乎地不住辩解："他抢了gxy红领巾……他也打了我了……"红老师走过去一看，哎呀，站在xrx对面的小男孩脸上被抓了五个红红的、鲜明的手指印！显然是被手指狠狠地抓了一把。

　　红老师站在旁边听了一分钟。女孩大眼黑眸，炯炯有神，一对乌黑的长辫子，挂在耳朵旁，看起来是一个标准的活力女孩。对面的小男孩个子比她稍高，可是气势上明显不如她，正一边哭一边跟老师讲事情的经过。红老师问批评她的老师，这个女孩子是谁？

　　"xrx。"

哦，听说过！听说这个小女生很了不得，开学不到一个月，一年级同学当中已经没有对手了。曾经和二年级的shy打过交道，还和三年级的大名鼎鼎的ghy也打过交道，他们都是这位小女生的手下败将。老师跟她的父母亲交流了很多次，都没有什么用，曾想让家长到学校来陪读。

看着这个大声辩解的小女生，似乎看到了电视里那些野蛮女友在眼前表演。红老师对批评教育她的老师使了一个眼色："你去管理其他学生。" 又转身对两个孩子说，"跟红老师过来！"

小女生噘着嘴不理红老师。

红老师一把把xrx拉到隔壁办公室。

拿了一把椅子坐在两个熊孩子的对面，严肃地看了他们足有十几秒钟。然后对小男孩说："来，你先说。把事情的过程说给红老师听听。"

小男孩一边哭着，一边讲了刚才发生的事情。原来在刚才玩数学游戏的时候，小男生看到前面gxy的红领巾滑在脖子后面，就顺手拿过来。一旁的xrx一边去抢红领巾，一边就抡起一脚踢向男孩。这下男孩就去抓她，于是xrx就狠命地在男孩脸上抓了一把。这一抓，男孩脸上留下了五道红红的手指印。

在小男孩讲述的过程中，xrx几次插嘴辩解，被红老师严厉地制止。

"现在听他讲！"

"不许插嘴！"

"闭嘴，最后一次警告，现在听他讲！"

看着眼前这个女生，那神色、那语气，丝毫没有为自己行为有任何害怕、愧疚的心理。看样子xrx的确是一位肆无忌惮的女汉子！

弄明白事情的来龙去脉以后，红老师侧过身瞪着xrx，非常严厉地瞪着……一般跟孩子谈话的时候，很少有这么严厉的时候。真是被眼前气焰嚣张的小女生惹怒了！办公室里非常安静，可以听到旁边爱秀堂里孩子们玩游戏的呼叫声。

红老师很生气，足足瞪了xrx有两分钟时间。直看得xrx慢慢不自在起来……然后用很低沉、很严厉的语气说：

"看样子你的小手很不听话，很喜欢打人！现在伸出你的双手，那么让红老师打打你的双手！"xrx愣愣地看着红老师，旁边的小男孩也怯怯地看着红老师。他们从未见过红老师如此生气。

"告诉你，xrx你不是小孩子！你已经是一名小学生了！你不是森林里随便乱闯乱咬乱打的小狮子！你是我们维翰校园里讲道理、有礼貌的小狮子！如果你喜欢打人，那红老师今天就让你尝尝被别人打的滋味！"红老师一口气蹦出一串话，语速越来越快，语调越来越高。

也许xrx从没想过红老师会这么严厉地批评她，也许她从来没被别人这么不客气地批评过。她愣住了，大眼睛更大了。小手不由自主地往后缩了一下。

"告诉你，红老师可以容忍小朋友调皮，但是决不允许小朋友随便打人！"红老师狠狠地瞪着眼前这个女汉子！如果你喜欢打人，那今天红老师就打打你，看看你被别人打了疼不疼！

这下，xrx再也忍不住了，大眼睛里滚下了大泪珠。

"你记住，维翰校园里不准有打人的小朋友！"红老师厉声呵斥道，"如果再被红老师发现你打人，我就请你爸爸妈妈来，把你退回去。让你爸爸妈妈送你到森林里去，做小动物！再也看不到老师，看不到gxy，看不到小朋友了！"

"哇——我……我不打了……"这下xrx终于忍不住哭起来。

"你哭什么？你是感到委屈还是伤心？还是难为情？"

"难……难为情……"这绝对是一个鬼精灵的孩子，聪明得很。

"那你说，现在怎么处理这件事情？"我不依不饶。

"我道……歉。"xrx一边哭着一边抹眼泪，呜呜咽咽地说着。

xrx抹掉大泪珠转向小男生，"对不起……请你原谅我……"

"除了道歉，你还必须陪他去杨医生那里治伤。看看杨医生能不能医好，否则红老师绝不原谅！"红老师故作继续生气。"现在你拉着他的手，好好地陪着他到杨医生那里去。"

等学生的数学活动结束后，红老师又交代了班主任后续事情的处理。

过了几天，一次早上大锻炼结束后，红老师看到xrx被体育老师单独留下了。体育老师要求她单独跑步，可是小不点就是不跑。接着，体育老师又让她跟旁边三年级的四个男同学一起跑，可是xrx还是不肯跑。

红老师走过去："xrx，你告诉红老师，你是不是觉得跑不过大哥哥他们？"小不点流着眼泪轻轻地点了点头。"这样，你在大哥哥他们前面二十米。你先跑，让大哥哥他们来追你。红老师估计大哥哥他们跑不过你。"

xrx犹犹豫豫，还是不肯跑。

"红老师告诉你，你今天必须跑。必须完成方老师交给你的任务！红老师就在这里看着你跑。"红老师用一种不容她退缩的语气，坚决地对xrx说。

鬼精灵可能感觉这一次是逃不了了。于是听话地跑起来。事实上，三年级的四个男生真的跑不过她！呜呜呜呜……男生啊！xrx迈着矫健的脚步有力地在前面领跑，把四个男生毫不留情地远远甩在身后。

一旁的体育老师不由得赞叹：一棵体育好苗子啊！

这之后，xrx每每看到红老师，不管远近总要大声地叫红老师。

"红老师，你看我做操，你看我的手——"一边叫着，一边把手伸得笔直笔直给红老师看。有时候在走廊上她在地上劈叉，"红老师，你看我的'一字'。"有时候她正在跟其他孩子玩耍……

前两天，班主任说，熊孩子脱胎换骨一般了。

跟聪明的熊孩子得察言观色，还得斗智斗勇啊。

呦呦子声

一天上课，红老师正在神采飞扬、激情昂扬地讲着"湖光秋月两相和，潭面无风镜未磨"的意思。

总有那么一丝丝隐隐约约的哼曲声传来，你讲哼声便来，你停哼声便无，不仔细听似乎没有，但是总有那么丝丝缕缕"伴奏之鸣"。红老师放慢速度边讲边环顾四周，眼神扫过每一位小屁孩的位置，好像每个小屁孩都在认真听课啊，就是没有发现"伴奏之源"。

不禁皱了皱眉头——都怪自己的星座不好，凡事总追求完美。红老师心里直泛嘀咕：哪个小屁孩，怎么回事？于是停下讲课，哼声也停了。停了两秒钟："你们看，安静的环境才有利于我们静心地学习。"

哼声停了，接下去又开始讲课。

过了五分钟，哼声又起。可真有点火了——要是换作刚开始工作那会儿，小女子一定会大发雷霆，立马找到那个小家伙，批评一顿，制止课堂上这种"肆无忌惮"之声。不过，现在小女子长大了。于是顿了顿神，心里暗暗告诉自己——"亲生的"！转念一想，孩子还小，会哼歌是好事情，说明小屁孩心情愉快啊。说不定那小屁孩是想到了昨天什么高兴的事情，或者是沉静在某种甜蜜回忆中，忍不住要乐呵乐呵呢。想到这里，停下了上课内容，话题一转：

"刚才红老师在上课的时候，听到有小朋友在哼着好听的歌曲，好像在给我们的学习伴奏呢！是哪位能干的小朋友啊？"。

孩子们面面相觑，不少孩子将目光聚集到了小杨身上。

"你们知道吗，当我们心情不好的时候，唱唱歌能让我们的心情变得很舒服，听听歌曲可以让我们非常开心。所以说音乐可以带给人美的享受哦！"

小屁孩们一脸的好奇。

"有的时候红老师也会一边开车一边听听歌曲，甚至还会一边洗澡一边哼哼几下。"

孩子们忽然间都大笑起来。

"哼哼歌不是坏事，而是一件让人愉悦的事情，但要看在什么

时候做这样的事。"

孩子们眼神亮起来了，目光炯炯地看着老师。

"因为开车、洗澡，是我自己休息活动的时间，在个人的小空间里不影响别人，哼哼歌没问题。但是如果在课堂上，在大家学习的时候，你旁若无人地哼歌，合适吗?"

"为什么呀?"

"因为这时候大家都在学习，你唱歌就会影响大家的学习的。"小嘴七嘴八舌道。

"是啊，你们真懂事，很多事情本没有错，只是要看在什么场合做什么事情。在不同的场合，有时可以做，有的时候就不行了。"

这是一件很小很小的事情，可能每一位老师的课堂生涯中都遇到过，不同的老师有不同的处理方法。今天，当红老师面对这样的事情的时候，经常会想到《诗经》中的那句"呦呦鹿鸣，食野之苹"。每一个刚刚步入学习之旅的小屁孩不就像那群在原野上自由自在食草、呦鸣的小鹿吗？有时候他们安静乖顺，有时候他们肆意随性，这就是孩子的"人之初"。他们所遇到的家长、老师都是他们"人之初"的指路人。指路人的职责不是泯灭小鹿的呦呦之鸣，而是让小鹿懂得，何时何处可鸣，让小鹿渐渐有群体和规则意识。

记得教育家徐特立先生说："教师是有两种人格的，一种是'经师'，一种是'人师'。我们的教学是要采取人师和经师二者合一的。每个教学生知识的人，他就是一个模范人物，同时也是一个有学问的人。"这就要求我们老师遇上这种情况要有敏锐的洞察力，冷静的判断与思考，耐心地为孩子指引正确的方向，当以后再碰到类似的场合，孩子就知道什么是应该做的，什么不该做。这样的教育是清晰的、直接的，并让孩子受益终身。

游戏哥之心

小聪，是那种标准的调皮学生。上课，要么低头"看书"，叫到名字后双眼迷茫地看着老师；下课总是和那么几个孩子谈笑风生，兴奋之时眉飞色舞，手舞足蹈；作业，要么本子找不到，要么就是空白一片。

刚接这个班的时候，几乎天天给小聪课后补习。他要么看着老师发呆，也不知是否在听，待问他一句"你懂了吗？"之后会恍如梦中惊醒般地猛一点头。要说全懂那是不可能的，这从随后他对已讲部分的作业常常仍一筹莫展中可见一斑；要么是在那儿翻翻书，但又不像在看书的样子。在我让他休息的间隙则又生龙活虎，可话题一旦触及"学习"，他那股"活力"立即跑得无影无踪。每次作业，他总是挑最简单的先做，难一点的一试似乎不怎么行就打算放

弃，有时还问："这题怎么做？"更多时候则用一句"我不会"而留下空白一片。至于家庭作业，完成得更是东一块西一块的，背诵的任务也是难有几次流利的，问其原因，他的回答总是以"太难，我不会"搪塞。要说他不聪明吧，绝对不是，除了学习文化理论知识，其余东西一学就会，做得像模像样，绝非他所说的"自己笨，记性不好！"

这种情况持续了一段时间，红老师决定和他进行一次促膝长谈。那天放学后，没有给小聪补习，而是把他带到了学校中心花坛的长廊下。

长廊下，红老师和小聪并排坐着，小聪正襟危坐，眼神始终看着地面，红老师歪着脑袋望着这位看起来是如此安静的大男生。刚开始小聪依旧对我不理不睬。

"今天咱们不补课了，随便聊聊吧。红老师很理解你们当学生的痛苦。每天要上那么多课，有很多又听不懂，真是难为你了。"见我这么说，小聪整个身体似乎松弛了一些。

"红老师小时候也很调皮。有一次因为午睡的时候偷偷溜出去到河边玩，被班主任骂得半死。现在回想起来，都还记得当时班主任老师生气至极的样子。"我慢慢悠悠地跟小聪回忆自己童年时代的糗事。

"当然，你们现在已经没有这样好玩的事情了。我们那个时候没有游戏机，没有网络，电视机也很少，大家整天要么到河边玩水要么到田里……"听到红老师这么说，小聪忽然把头抬起来了，那眼神很奇怪又有点羡慕。可能小聪没有想到红老师小时候那么会玩，而且玩的都是他所没有玩过的事情。

"红老师，你小时候也很爱玩啊？"

"是啊，那个时候班主任说红老师是假小子呢。现在想起来觉得那时候真开心。"

"你都玩什么呢？你玩得开心吗？"红老师突然话锋一转。

"我……我……"小聪见红老师突然问他，一时有点语塞，一会儿嘟嘟囔囔地说道，"我……没有时间玩。在学校我只能听老师的话，在家里也要听爸爸妈妈的话，按照他们的要求去做事，去完成作业。可他们根本没有时间帮我，只知道叫我做啊做啊。可我根本不会做。同学们也没人看得起我，我只能偷偷地玩游戏（机）。"

小聪说到这儿，朝我看了一眼，似乎在判断该不该说下去。

"听说，游戏的确很好玩，还有很多知识在里面。"红老师微笑着看着小聪。

"是啊，在游戏中我可以和很多人一起作战，我们可以控制整个'战争'，取得成功后每升一级都让人很兴奋。我的水平还不错，战绩很好，还弄个官当当，很开心的。"

　　说真的，一直觉得他的语文不够好，基础不扎实，但是他对自己为什么沉迷网络游戏的表述让我震惊，如此清楚而又自然。一边听着小聪滔滔不绝地讲着他游戏的精彩战况，红老师心里却有一丝丝生疼。这个平时看起来对什么学习都满不在乎的孩子，他的内心其实是多么渴望成功，渴望得到尊重。在他看来，这一切在学业上好像无法达到，于是将精神寄托于网络，到那里去获得他想要的东西。小聪还说，班里学习成绩优秀的太多了，他这种人是不可能赶得上的，也觉得学习没什么意思，太累，……

六年级的孩子思想的确比较成熟了，但是小聪这番深刻的表述还是让红老师吃惊不小。尤其是小聪不停地说自己脑子不行，水平太差，这着实让红老师诧异、心痛。因为在这个学校里我见到了太多自信满满的孩子，很难想象这么调皮捣蛋的男孩子内心对于学习是如此的不自信，而又是如此地痛苦……

在那次一个多小时的谈话里，小聪和红老师说了很多，有在学校里的痛苦，有在家里面对爸爸妈妈的不满。言谈中有无奈，有失落，也有着那么一丝期望……直到暮色苍茫。

一直以来，老师和家长的眼光总会被一些聪明伶俐的、学习成绩优秀的孩子吸引住，可曾知道那些被我们认为"顽劣不恭"的孩子是怎么回事？一直以来，我们都觉得孩子学习学得好是应该的，可曾知道哪些调皮捣蛋的孩子内心是怎么一回事？从那以后，红老师面对每一届学生的时候，总会问自己"你关注到小聪了吗？""你倾听小聪的内心了吗？"

熊孩子总是觉得自己委屈

中午吃饭的时候，孩子们一个一个坐在座位上吃起饭来。角落里，李老师和一个小屁孩严肃地交流着什么，小屁孩一边听一边大声地哭着，哭着哭着还用脚狠命地踢着柱壁。红老师扭过头一看，是全年级都小有名气的熊孩子。据说熊孩子天天都有故事发生，老师也好同学也好，都已经习惯他的故事了。今天不知道又发生了什么故事，一旁的李老师又生气又恼火，只好先任由他把脾气发掉。

红老师走过去，看着一边哭嚷一边乱踢的小屁孩，静静地看着他……足有十几秒钟，然后静静地说：

"你想跟红老师交流吗？"小屁孩看着红老师，停了一秒，又哭嚷着。

"有什么伤心的事情发生了？还是有什么委屈？"红老师继续平静地对小屁孩说着，"如果有什么委屈想跟红老师说，先让自己平静下来。"

小屁孩听了后，刚才的哭嚷变成了强烈的呜咽。

"看来是想跟红老师说的。"静静地观察着小屁孩的每一瞬间的变化，"那就深呼吸——好好地深呼吸一下——闭上眼睛，用鼻子呼吸——迅速让自己平静下来。"

小屁孩开始听红老师的话了，闭上眼睛——还是轻轻地抽噎着。

看看小屁孩差不多安静下来了，红老师仍然用很平静的语气说：

"现在，可以跟红老师讲话了吗？"小屁孩用红肿的大眼睛望着红老师，点点头。

"好，那就把手给红老师，到一个角落去告诉红老师。"小屁孩把一双攥得紧紧的小手放到了红老师的手心上。牵着小屁孩的手来到餐厅一旁，面对面地坐下来。

"来，把两只手都放到红老师手上。先告诉红老师你叫什么名字？"

"dfh。"

"哦。刚才为什么在那边哭？"一听这句话，好像又勾起了他的伤心往事一样，又哭将起来。

"平心静气才能把话说好，红老师也才能听得清楚。"看来今

天得花点时间跟这个熊孩子聊了。

"……"小屁孩边哽咽边断断续续地讲了今天的事。原来是吃饭前，他上探究课的时候不听要求不跟同学好好合作，还去影响同学。老师提醒了几次还不听，刚才排队拿饭的时候又叽叽呱呱地讲话。老师新火加旧火，恼火至极，让他站在队伍边上最后再吃。这下dfh开始哭嚷起来——以往他在家里也经常使用这一招。只要一哭嚷，爸爸妈妈就觉得心疼，觉得他委屈了，最后什么事情都不了了之了。今天估计又是这样。小屁孩觉得他哭了老师还批评他，老师很坏，不讲道理。

"红老师明白了。那你觉得委屈在什么地方？"红老师听完后不作任何点评，继续很平静地问道。

"我有半节课是听的！"原来是半节课捣乱！

"哦，那么还有半节课你在干什么呢？"

"我跟旁边的同学在讲话。把同学的东西扔到另一个同学桌上。"

"那么，这半节课的时间你觉得老师不管，会怎么样？红老师可听说dfh是小男子汉，想学很多本领成为大男子汉哦。"小屁孩大眼睛看着红老师，不说话了。

"其实，你是知道的，老师批评你是想帮助你学本领。我们每个人学本领的时候都需要别人的帮助，对吗？就像现在，红老师好

好跟你聊天也是一种帮助的方式。老师很严肃地批评小朋友也是一种帮助的方式，对不对？要不然这半节课不会学到本领了，是吧？"小屁孩看着红老师，眼神变得柔软起来。他一定觉得红老师的话有点深奥，可是又觉得无法辩驳。

"可是……"小屁孩还想说什么，可是又不知道说什么。我知道，他想说的是，他已经哭了，老师还批评他。

"当然，下次如果你觉得委屈的话，你可以先让自己平静下来，再寻求别人的帮助。要不然，你既学不到本领又觉得自己委

屈，什么也得不到啊！"

"可是，我找不到帮助我的人怎么办呢？"

"那，红老师教你几招：你现在就要经常帮助别人，多交一些好朋友，这样你有困难的时候就可以请朋友帮助喽。如果你实在找不到朋友帮助，你可以找红老师。红老师很愿意帮助你，帮助你成为一个大男子汉。"

小屁孩看着红老师点点头，小手柔软地躺在红老师的手心里。

长时间一直说话让红老师口干舌燥。

"现在你想去吃饭吗？需要红老师帮助你吃饭吗？还是你一个人会吃饭？"

"不用，我一个人会吃饭。"小屁孩拿起筷子大口吃起来。

播撒一粒火种

正值写这个稿子的时候，朋友圈里传来一个喜讯：第六届新少年全国中小学生作文大赛结果公布，小秀同学获得了初中组现场比赛的二等奖（全国10个）。

"小秀？"莫不是当初的那个"朗读者"？心中蓦的升起一股亲切又熟悉的感觉。

当晚，在小秀妈妈的朋友圈里看到了这则确定的消息。果然就是当年的那个小小朗读者！思绪一下子回到了当年……

一个清秀的瓜子脸、一双大大的眼睛、一个齐眉的刘海，一位标准的、可爱的、萌萌小公主。可是当初小公主的学习一直不温不火，始终是班里面那种不需要老师多操心、也不是太上心的那一类乖乖女孩。她就如同一棵含羞草，总是静静地、默默地低着头做着

自己三分三的事情。秀妈是一位"上进青年"，还是一位文学爱好者，看到女儿这种情况，也是干着急。红老师旁敲侧击地来点小鼓励、偶尔再来点小策略：当当小组长，或者把作业作为示范作品……小秀这棵小苗苗，有时候似乎挺直了一点。可是，红老师总觉得，小秀身上似乎还缺少一把火，一股子劲儿……当老师的有时候真恨不得自己身上有一股神力，像孙悟空一样只要轻轻一吹，学生身上的"腐朽"霎时变成神奇，立马就"蹭蹭"地窜上来。

可是很多时候只能干着急——

只能静静地等待……

不久机会来了！中央电视台的"朗读者"节目突然火爆大江南北，这股强劲的东风也吹进了各大校园。这天，红老师告诉孩子们，"我们来进行一个朗读者活动，看看谁能成为像董卿阿姨一样的朗读者。"董卿阿姨可是老少皆宜的知性偶像，尤其是书香家庭的明星偶像。

活动安排下去了，孩子们都积极准备起来了。每节语文课上，红老师总是请几位同学来当"朗读者"，点燃一下高年级学生那份"疲惫的心"。那天，课堂上，小秀站起来朗读——小公主清亮的、童稚的嗓音，可好听了！要知道，对于五六年级已经处于青春发育期的孩子来说，那脆亮的童音多么像一股清泉流淌进听众的耳朵。小秀一读完，红老师立马带头鼓起掌来，孩子们受到了感染，也纷纷为小秀鼓起掌来。

掌声，对大人来说有的时候是一种廉价品；但对孩子来说往往是一剂兴奋剂，可以让孩子小宇宙爆发。尤其对小学生来说，老师的那份真诚的、发自内心的掌声绝对是最佳营养品。

"小秀，你的朗读让红老师又羡慕又崇拜！"在这种时候，红老师决不吝啬自己的赞美之词，"你的朗读绝对堪称央视级别，请收获红老师成为你的粉丝。"红老师半调侃半认真地当着全班同学说到。

"红老师建议，下次小秀去参加一下真正的朗读者活动。那么好听的声音肯定会给大家带来美的享受的。"

这下，这棵含羞草，含羞地涨红了脸，却昂起了头。

东风一波接一波。

"朗读者"的东风不仅吹进校园，也吹进了图书馆。为了助推这股东风，浙江图书馆在场馆门口设置了朗读亭，很多大人、小孩都去朗读亭尝个新鲜。那天，小秀也跟着妈妈去排队了。晚上，小秀妈妈把女儿在朗读亭朗读的照片发给了红老师，照片中小秀的红色棉外套在朗读亭中分外醒目，犹如一团小火苗在燃烧。

好美！

这一下小秀成为真正"朗读者"了！

奇怪的是，从那以后，小瑜秀的作文水平也渐渐地上来了，语文学习颇有星火燎原的味道。

时光就这么匆匆地流逝。

今天，小秀已经是初中生了。小公主变大公主了。

朋友圈中，秀妈说："感谢红老师当年对小秀的鼓励，点燃了小秀语文学习的兴趣和信心，使得她爱上了语文，爱上了作文……"

其实，红老师知道，红老师只是做了一名播撒种子的农者，尽量在孩子心中撒播一粒"喜欢"的种子。红老师希望有一朝一日，这一粒小种子能够在阳光雨露下萌芽、勃发。

2019年3月17日晚

"我从来都不是一个好学生"

小天是三下年级转进我们班的，大名"天意"。父母可能觉得这个生命的降临是天意吧，老天赐予了一个聪明伶俐的宝贝，所以取名为"天意"。

三四年级的小男孩正是最皮实的时候。小天眼大个小，十个手指的指甲已经被啃得精光精光。课堂上、课堂外，小天的双手或者双脚似乎永远没有安静下来的时候，尺子、铅笔，哪怕是包装用的一个小短绳都是他手上的小玩意儿。这样的小男孩，一看，就属于猴精转世的那类。

果然，上了一天课，放学的时候几乎所有的任课老师都到班主任这里来告状了。

"唐老师，你们班新来的那个男同学是怎么回事？！整节课走

来走去，搅得全班同学都像在看他表演节目似的。"音乐老师冲着班主任大声嚷道。

"这个新来同学是怎么回事，我简直没法上课了！一转眼，人都不知道到哪里去了，害得我要四处去找他。"体育老师到现在还在气头上了呢。

"No,no,why Yang ? It's not fair！ Is bullying me a foreigner?"外教老师生气得几乎要拂袖而去。原来，小天同学在英语课上一会儿尖叫，引得全班同学哈哈大；一会儿不住插嘴，搞得外教老师几乎没有办法往下讲课。

在红老师的语文课上，小天同学的手上始终不离铅笔、尺子、橡皮，要么在桌子上大摆雷门阵，要么整个桌面就是一个地摊。这还不算，小天的一个铁质铅笔盒已经被他"折磨"得身首异处，不断发出咔吱咔吱的响声。虽然红老师的眼睛无数次瞟向这个不断制作"事故"的现场，但是无奈，刚停歇没有二分钟，又是"事故频发"。不是一块橡皮弹向远处，就是铅笔盒发出痛苦的咔吱声。红老师忍无可忍了！趁着让孩子们做作业的时候，把小天叫到了教室外面。

红老师的双眼几乎要冒火了，直直地盯着小天，仿佛要把小天那个小脑袋瓜烧透。不过，我知道这个时候老师千万不能讲话——冲动是魔鬼，如果你一发火，说不定正中此类猴精下怀。此时此刻老师最好的处理方式是——不——说——话，让冷处理来冷却发烫的头脑，同时也可以在大脑中快速寻找对付这类孩子的办法。

小天个子真的不大，几乎跟二年级的小朋友一般高，也不壮实，可以说还有点瘦小。但是眼睛真的很大，盯着小天的大眼睛，红老师脑海中不由得闪现了"凡卡""小萝卜头"的影子来——可是他比凡卡皮实的多了，他哪有小萝卜头的可爱懂事啊！虽然，红老师的眼神是严厉的，目光中还透出一股火气，但是小天似乎并没有多大的感觉，好像是故意装得若无其事的样子，装得随意地看着红老师。

"看样子是红老师错了！"过了足有五分钟，红老师用平静的有点气馁的口吻说着，"红老师还以为你是个聪明的、懂事的好孩子，才同意你转进我们学校的。" 小天是插班生，红老师就是负责插班生的录入工作的，之前跟小天有一面之交。

小天听红老师这么一说，脸上的表情似乎楞了一下，脸色不由得恢复正常了！

"你还记不记得，当时红老师是怎么跟你说的？"红老师看到小天的表情发生了微妙的变化，感觉似乎有点击中小天的小心脏了，"红老师相信你是一个爱学习的好学生，会成为维翰学校积极向上的小狮子的。"

"你还记得吗？"

小天的眼神认真起来了，似乎想起来了。一会儿小天朝红老师点点头。

"可是，现在红老师觉得可能我当初看错了！"红老师有点疲倦有点伤心，"不知道是红老师看错了，还是因为你新到一个班集体不太适应的缘故？"红老师的语气黯淡了，神色真的很疲倦了。要知道一个早上到学校忙着忙那，连水都还没有时间喝上，又遇到这么一个猴精，真的有点精疲力竭了。

可是，这个时候，发生了红老师意想不到的事情……

"红老……师，不……是的……"桀骜不驯的小天突然眼眶红润，情绪很激动，大颗大颗的泪珠滚落下来。似乎是抑制不住了，又扭过头去抽泣……

红老师呆了……有点不知所措。是刚才批评错了？还是哪句话说得太重了……脑海中飞快地把刚才的谈话从头到尾回放了一遍，好像没有说错话的地方啊？！

"小天，怎么啦？是红老师说错了吗？"我轻轻地叫天意，"来，你转过来。"

"如果红老师说错了或者做错了什么，你可以批评红老师，红老师也会向你道歉。"

"没……没有，你没有说错。"小天终于抽抽噎噎地转过头来。大眼睛里的大眼珠还在打转。因为抑制不住情绪，小鼻子不停地一吸一吸。

过了好一会儿，小天好不容易控制住情绪，冒出一句："只是，从来没有一个老师说过我是好学生。"说完小天又哭了！"从一年级开始没有一个老师说我是好学生"小天又重复了这句话。

红老师震惊了！真的。突然鼻子变得很酸很酸。哦，一个孩子从来没有被老师说过是"好学生"，从来没有被老师真正地、好好地夸奖过，那是一种什么样的内心痛楚啊！他这一辈子会缺少多少温润啊！

红老师把小天紧紧地搂在怀里。"记住，你是一个好孩子。红老师相信你！""除非你自己放弃自己，你自己不认为你是一个好孩子。"

原来，小天一上学就因为太过于好动无法自控，在原来的学校已经是出了名了，是老师们心里的"小猴子""小魔王"。父母亲也带孩子去过专业检查，得出结论是中度多动症，但是智商却很高。在原来的学校没有一个老师能管得住小天，可是因为学习成绩不赖，所以有点无法无天了。据说，听说小天这一次要转出来，原来学校的老师都舒了一口气了。也难怪，这么聪明绝顶的孙猴王，哪个老师能管得住啊！是啊，我们当下的普通学校，对于小天这一类特别的天使，还没有真正的教育设施设备，也没有相应的教师培训，绝大多数老师在每天繁重的日常工作中遇到这一类事情只能把

简单地当做"调皮"来处理。

"来，深呼吸——恢复平静。"我把小天的双手放在手心上，"来，告诉红老师，你是一个好孩子、好学生！"

"我……我想做。"小天还是有点呜咽，"不过我怕我做不到。我妈妈说，她才不会相信（我会成为守纪律的学生）呢。"

"这样吧，红老师觉得以你今天的情况的确不太像一个好孩子。不过红老师很想帮助你，你会成为一个受欢迎的学生的。怎么样？"

小天的大眼睛又看着红老师了，睁得更大了。

"平时，如果你控制不住了，红老师不点名批评，用眼睛瞄瞄你，用眼神提醒你要注意了。"

"你看这样好不好？"

小天有点不相信，只是瞪大眼睛看着红老师，好像在说："这样行吗？就这样吗？"

"我们一天一天地慢慢学会控制自己，不去打扰别人，可以吗？"

小天点点头。

"你觉得你大概需要多少时间学会不打扰别人？"

小天很认真地琢磨着红老师的这句话。过来一会儿，犹犹豫豫地说：

"两天？不可能。一个星期？ 一个月？"

"嗯，红老师喜欢你这样深思熟虑。两天，我也觉得不太可能做到。我们先以一个星期为限，试试看有没有进步？怎么样？"

小天点头了。

"来，咱们拉钩"

红老师和那只几乎没有指甲的小手拉钩了："拉钩上吊，一百年不许变……"

第二天，语文课上小天好像有一点变化了。之后的一个星期，小天似乎慢慢努力在控制自己。上课的时候他会时不时用眼神看看红老师，虽然有时候他的课桌上还是一片"地摊"，但是一点一点开始在座位上能坐得住了，作业也开始做了。

不久，学校开始了诗词大赛。红老师对小天说：

"小天，你能不能去参加诗词大赛？这下是考验你的时候到了。"红老师一本正经地把小天叫到身边郑重地问他。

"假如，你这一次能去参加诗词大赛为班级争光，这样一来不光红老师相信小天是个聪明的孩子，同学们也会认为你是个棒棒的小伙子。想不想试试？"

"真的吗？你是说让我代表我们班去比赛？同学们会同意吗？"

"只要你拿出真本事，同学们会选你去的。不过，你自己可得努力准备哦！"

小天眼光亮闪闪地准备着……

2019年3月24日

"微信"这东西

2012年8月15日，这个日子很特别，对于红老师来说更特别。

昨天突然发现红老师的微信中多了一个很特别的群"朱红和她的第一个班"。哈哈，居然有我教的第一届学生的班级微信群。而且这个群里热闹非凡，一帮小子在这个群里聊得可开心了，要么回忆起小时候的某个奇妙经历，要么就神侃现在的朋友、工作……

看着这帮小子的各种聊天和留言，红老师感觉特别地亲切和温馨。思绪一下子飞到二十多年前……那时候可真年轻啊，红老师刚刚师范毕业，十七八岁，一根长长的马尾辫，一脸青葱，一身学生气。小屁孩们六七岁，大部分在红老师的腰际那么高，有的只比红老师矮一个头而已。乍一看就是一个大姐姐带着一帮小弟弟、小妹妹，那是一种什么景象，可想而知。放学的时候，红老师带着五十

几个孩子排成一个长长的队伍，走到校门口——挤在校门口接孩子的家长们不停议论：这么年轻的小老师啊！还以为是个高年级学生呢！记得刚开学那几天，好多爸爸妈妈可担心了，告诉校长，这么一个小老师能带五十来个孩子吗？是啊，红老师也问自己，我能带好这帮弟子吗？红老师的职业生涯，就这么在家长的不放心中、在校长的担忧中开始了。

　　这是红老师师范毕业后教的第一个班级，而且一带就带了六年，这六年可以说是红老师和这帮弟子共同成长的六年。早上，红老师会和小屁孩一起到操场上跑步，课间的时候我们会一起做游戏，放学后有的小屁孩还留在红老师这里做作业（有的是红老师留下来补习的，有的是爸爸妈妈没有时间来接留下的）。春天到了，红老师把孩子带到学校后面的田间放风筝，任春天的气息包裹着我们；秋天到了，我们一起到植物园去捡落叶做树贴画，触摸着婆娑的树叶，吮吸着秋天的清香；下雪的时候，在自己校园雪仗打得不过瘾，又到附近的浙大校园里去打，引得一群大学生也跟我们一起打……那时候真是好疯啊！

那真是青葱岁月啊！

结果这个班级的娃出奇的争气，按现在的话是人才辈出啊，这是红老师特骄傲的地方。学校里的各项活动，包括学习成绩、外出比赛等，方方面面都是遥遥领先。班里很多孩子都擅长琴棋书画，成为各学科老师的宝贝疙瘩。现在回忆起来都觉得那简直是一个"神奇的传说"，套用现在的说法——姐就是一个传奇！也难怪这帮人到现在和红老师感情都很深，一个微信群，立马把天南海北的同学都召集到群里了。现在把这些人聚到一起可真不容易，有远在美国和澳洲的，还有分散在香港、上海、武汉的。

红老师在群里打了招呼，他们立马一窝蜂似的涌上来打招呼……

有同学说："见证奇迹的时刻到了！"

有同学说："红老师，你现在是优雅的朱总了吗？"

……

有一天，原在香港工作的徐同学回来了，大家约好一起聚聚。

徐同学小时候是一位默默无闻、眉头紧锁"愁眉苦脸"的瘦女生，那么瘦的一个小女生却是个运动小达人。小不点还特别喜欢画画，深受美术老师的喜爱。家里没有人辅导她功课，放学后经常留在红老师这里做作业。一转眼，当年的丑小鸭长大了，这群小屁孩都已经走上工作岗位了。

听说徐同学回来了，当年的体育委员刘喆同学很热心地帮大家订好了包间。傍晚的时候红老师也兴冲冲地赶过去了。好几个孩子我都几乎认不出来了，神一样的变化啊。

徐琴同学出落得魅力非凡，小学的时候，老师们都会说她是一个忧郁的美人胚子，现在略加修饰，简直漂亮得跟仙女似的。虽然几年前她曾经到学校里来看过我，但是现在我几乎认不出来。

王海洋，还是那么黑，但是高了很多，快一米八的个头了。

郑将伟，还是那样瘦瘦的脸，还是像个猴子似的。

齐济，卷毛，刚做了奶爸，一脸幸福。

汤耿星，瘦得不行，看样子工作很辛苦哦。想当初，她是班里的作文高手。

俞华，圆圆的脑袋，明显发福。还不到中年呢，就发福了。

春子，一身民族服饰装扮，特像当年她妈妈的味道。

恍恍惚惚间，这些都是流逝的岁月啊，而且是红老师流逝的岁月，在他们身上显现出来了。

微信真是太奇妙的东西了，岁月都在这里凝固、定格了。

做老师，我怕！

记得自己刚踏上讲台的时候，就立志要做一名"传道受业解惑"的师者。每一节课每一篇课文不讲出个一二三子丑寅卯决不罢休。

一转眼，十余年弹指一灰间过去了，青葱的马尾辫随着岁月逐渐流逝，内心的感觉反而是越来越"返童"了，这时候最大的愿望是做学生的朋友，做一个和学生平等相处的朋友，让自己蹲下来和学生共同进步。让老师的爱心哺育着学生，让老师的关注陪伴着学生；让学生的童心沐浴教师，让学生的纯真感染教师。

记得一个周末，按照惯例，我准备给学生布置周记。突然之

间，我萌发了一个念头，作为老师，和学生朝夕相处了几年了。我在孩子们的心目中到底是个什么样子呢？孩子是怎么看待老师的呢？孩子又需要怎样的老师呢？带着突发奇想，我走进了教室。

这天晨会正好空闲。我亲切、自然地对学生说："这一次周记，我们不写其他事情，就和老师说说心里话。老师特别想和大家成为真正的朋友。朋友之间应该真诚相待，朋友有优点应该铭记在心，朋友的不足应及时指出。所以今天我请大家以朋友的身份给我写写心里话，说说悄悄话吧！可以说说你对老师的印象，也可以说说你对老师的看法、建议或者希望，还可以说说你对班级、对同学、对爸爸妈妈等人的想法。"为了活跃气氛，我特别强调：本次周记如果没有老师和你双方的同意，将不公开讲评展览。

周一，孩子们陆陆续续把写好的周记交给了我。我一看，小家伙们个个都写得还挺认真呢！捧着这叠厚厚的周记本，从来没有像这一次的周记那样吸引我。一种强烈的想法使我迫不及待，一口气读完。不禁百感交集。

周记中有的同学洋洋洒洒地写了好几页，有的同学写成书信交给我，有的同学用诗歌的形式来表达 。学生在周记中也有提希望，有讲心里话……孩子们给我写的优点使我信心倍增：您活泼热情、乐于助人、善解人意、温柔可爱、责任心强……有的连我自己都没想到，一位同学写道："我最喜欢红老师的目光，有的时候，你的目光是温柔的；有的时候，你的目光是严厉的。班里同学的一举一动都逃不脱你的眼睛。上课的时候，你的目光充满鼓励的话语，使我学习的劲头更大了。"另一位学生写道："我去年转来时，一开始您上课我总是不听，可过了十几天，就被您生动、幽默、轻松的课堂吸引，听得津津有味……"更令人惊讶的是"小调皮蛋"居然写了："红老师，我知道我很调皮，我也很想管住自己，不想让你生气。但我一玩起来就什么都忘掉了。红老师，您不会生气吧。您的辛勤教诲令我十分感动，我会好好学习的。我想说声谢谢您。"

孩子们的直言不讳、童言无稽也让我倍感亲切："红老师，我妈妈说你很漂亮，妈妈说你很是一位很有气质的语文教师。"

孩子们给我提出的希望真挚感人："我希望老师能更多和我们沟通交流"，"严是爱，松是害，这句话请您一定要记住，不要忘记了呀！""我们喜欢'成语接龙'游戏，为什么现在不搞了？""希望红老师多带我们到大自然中去。您说的，生活是最好的老师。"

孩子们提出的建议让我看到智慧的火花在点点闪现："我想我们的班会还可以用更新颖的方法来开展"、"班上每个星期能组织一些知识竞赛活动，让我们愉快地学习吗"、"老师，希望你能让我们的课外知识更丰富，带我们到阅览室去看书，每个星期能不能

有一两节课阅读和交流一下课外书"……

真是无心插柳柳成荫。一次普通的周记，小小的一点尝试，牵出了这么多热情的赞扬、真心的希望、感人的话语、智慧的火花。一份份只言片语中，得以让我们走进学生的内心、了解儿童的世界，折射出孩子对"师者"的期翼。它就像一面面镜子一样，看见了孩子眼中的"我"；它也像一只只千纸鹤，乘着一对特殊的翅膀飞越高山峡谷。

这样"无心插柳"的感觉让自己"如鱼得水"，沉浸于自己的教学生活，虽苦但快乐着。陶然间，似乎有一种把握住了教育真谛的感觉。但也不知从什么时候起，开始"怕"做老师起来，随着皱纹逐渐爬上眉梢，这种感觉越来越沉重了。

只是我明白："怕"，并不是畏惧、害怕"教师"这份普通不过的工作，而是对"教师"这份职业越来越发自内心的敬畏。敬畏，是因为我的眼前是一群宛如星辰般灿烂的天使；敬畏，是因为我面对的是一群关系小家和大家、未来与幸福的小树；敬畏，是因为我从事的是一份永远无法复制黏贴的、却又日复一日的工作。常常不由自主地冒出蒙台梭利的那句话，儿童有着他自己的人格，他自身具有创造精神的美和尊严。这种美和尊严是永远不能磨灭的，所以他的纯洁而非常敏感的心灵需要我们最审慎的爱护。因而，经常的，不由自主的，使我谨小慎微地面对每一节课，每一本作业本。常常，一种惴惴不安的心情使自己小心翼翼地面对每一个学生，努力明白清澈生辉的瞳眸中那丰富的世界，努力使自己"活"在孩子的世界里！

做老师，我怕！我怕，怕自己把学生教的温顺如羔羊。孩子不是羔羊，孩子是富有一个个性情和脾性的"小孩"，在他们身上有自己的思想，有自己的见解，有自己对事物的判断。甚至有时候他们会很淘气，很惹人生气，只不过他们的淘气是天然的，是一个孩子本真的调皮。我需要的是引导他们走向一条健康快乐的人生道路。

做老师，我怕！我怕，怕自己把学生育的成熟如市客。对任何人讲话都是不远不近，不亲不疏。这样的学生同样使我害怕，因为我不知道我面对是"孩子"还是"市客"。孩子自有孩子的童真、天真、纯真和本真。如果我教育的学生，使我看不清楚他的本来面目，这将使我害怕，这是我一个教师的失职。

做老师，我怕！我更怕我的学生游戏人生，不知为何而生为何而来，因为这会使我的学生少了　份执拗和坚持。人生的道路远不止六年，在宏阔的宇宙中这是何等渺小，渺小得不若一粒尘埃。可是这份渺小对于你自己、对于你的家庭却是重若千鼎。我希望我的学生笑谈未来，用坚持和坚韧作为一生不舍的伴侣。

做老师，我怕！我也怕家长和社会的更直接的要求带给我们的

那沉甸甸的疼痛感、刺痛感。现实的逼仄有时候抑制住"教育"自由的呼吸，信息的快速更替让"教育"望尘莫及，每每这个时候，我很窘迫也很无奈，更多的是疼痛。但是，我希望我的学生仍能张开双手拥抱春天。

我敬畏我眼前的每一个个体，满怀释然地看到学生脸上阳光般纯真的笑容。我感谢我的每一届学生，他（她）们都是我"教师旅途"中的亲密伙伴，虽然我只是你们人生旅途中一名过客。当把你们送上站点的时候，目送你们的远去，我挥挥手，剩下的是一段师生情。感谢他（她）们和我这些年来相伴相依，让我感受到生活的可爱、生命的温润。

在本书中记录的每一个故事，故事中的"每一个" 主人公都是那么可爱、那么令人忍俊不禁，他们都给红老师留下来极其深刻的印象。看着小屁孩们的成长，红老师欣慰与甜蜜；望着小屁孩们的淘气与顽劣，红老师感受到教育的复杂与艰辛。这一切都组成了教育独特的魅力。感谢小屁孩！其中，红老师还要特别感谢一位小伙伴，她文文静静、清清秀秀，话也不多，在人群中也绝没有"鹤立鸡群"的感觉。但是就是这么看起来很文气的小姑娘，却是满脑子奇思妙想，琴棋书画样样来赛，是一位不折不扣的小学霸。一看她的眼睛，你就会被她的灵气所吸引，一不小心你就会成为她笔下的主人公，她就是一位五年级的小朋友燕芳岑——一位"随手涂鸦"的小小神笔马良。她为这本书中的每一个小故事都配上了插图，了不起的"小画家"。我敬畏这样的后生！

最后，让我们再一起重温纪伯伦的《关于孩子》吧：

你的孩子，其实不是你的孩子，

乃是"生命"为自己所渴望的儿女。

他们是借你而来，却不是从你而来，

他们虽和你同在，却不属于你。

你可以给他们以爱，却不可给他们以思想，

因为他们有自己的思想。

你可以荫庇他们的身体，却不能荫庇他们的灵魂，

因为他们的灵魂，是住在"明日"的宅中，那是你在梦中也不能相见的。

你可以努力去模仿他们，却不能使他们来像你，

因为生命是不倒行的，也不与"昨日"一同停留。

你是弓，你的孩子是从弦上发出的生命的箭矢。

那射者在无穷之中看定了目标，也用神力将你引满，使他们的箭矢迅疾而遥远地射了出去。

让你在射者手中的"弯曲"成为喜乐吧；

因为他爱那飞出的箭，也爱了那静止的弓。

2019年元月20日整理完稿